Kohlhammer

Die Autorin

Judith Hack, Dipl. Sozialarbeiterin (FH) und selbst Mutter eines autistischen Kindes, berät in eigener Praxis Angehörige und Fachkräfte und bietet Vorträge und Schulungen zum Thema Autismus-Spektrum an.

Judith Hack

Komische Kinder, komische Eltern?

Belastungen, Kompetenzen und Wünsche von Eltern autistischer Kinder

Verlag W. Kohlhammer

Dieses Werk einschließlich aller seiner Teile ist urheberrechtlich geschützt. Jede Verwendung außerhalb der engen Grenzen des Urheberrechts ist ohne Zustimmung des Verlags unzulässig und strafbar. Das gilt insbesondere für Vervielfältigungen, Übersetzungen, Mikroverfilmungen und für die Einspeicherung und Verarbeitung in elektronischen Systemen.

Pharmakologische Daten, d. h. u. a. Angaben von Medikamenten, ihren Dosierungen und Applikationen, verändern sich fortlaufend durch klinische Erfahrung, pharmakologische Forschung und Änderung von Produktionsverfahren. Verlag und Autoren haben große Sorgfalt darauf gelegt, dass alle in diesem Buch gemachten Angaben dem derzeitigen Wissensstand entsprechen. Da jedoch die Medizin als Wissenschaft ständig im Fluss ist, da menschliche Irrtümer und Druckfehler nie völlig auszuschließen sind, können Verlag und Autoren hierfür jedoch keine Gewähr und Haftung übernehmen. Jeder Benutzer ist daher dringend angehalten, die gemachten Angaben, insbesondere in Hinsicht auf Arzneimittelnamen, enthaltene Wirkstoffe, spezifische Anwendungsbereiche und Dosierungen anhand des Medikamentenbeipackzettels und der entsprechenden Fachinformationen zu überprüfen und in eigener Verantwortung im Bereich der Patientenversorgung zu handeln. Aufgrund der Auswahl häufig angewendeter Arzneimittel besteht kein Anspruch auf Vollständigkeit.

Die Wiedergabe von Warenbezeichnungen, Handelsnamen und sonstigen Kennzeichen in diesem Buch berechtigt nicht zu der Annahme, dass diese von jedermann frei benutzt werden dürfen. Vielmehr kann es sich auch dann um eingetragene Warenzeichen oder sonstige geschützte Kennzeichen handeln, wenn sie nicht eigens als solche gekennzeichnet sind.

Es konnten nicht alle Rechtsinhaber von Abbildungen ermittelt werden. Sollte dem Verlag gegenüber der Nachweis der Rechtsinhaberschaft geführt werden, wird das branchenübliche Honorar nachträglich gezahlt.

Dieses Werk enthält Hinweise/Links zu externen Websites Dritter, auf deren Inhalt der Verlag keinen Einfluss hat und die der Haftung der jeweiligen Seitenanbieter oder -betreiber unterliegen. Zum Zeitpunkt der Verlinkung wurden die externen Websites auf mögliche Rechtsverstöße überprüft und dabei keine Rechtsverletzung festgestellt. Ohne konkrete Hinweise auf eine solche Rechtsverletzung ist eine permanente inhaltliche Kontrolle der verlinkten Seiten nicht zumutbar. Sollten jedoch Rechtsverletzungen bekannt werden, werden die betroffenen externen Links soweit möglich unverzüglich entfernt.

1. Auflage 2023

Alle Rechte vorbehalten
© W. Kohlhammer GmbH, Stuttgart
Gesamtherstellung: W. Kohlhammer GmbH, Heßbrühlstr. 69, 70565 Stuttgart
produktsicherheit@kohlhammer.de

Print:
ISBN 978-3-17-042106-6

E-Book-Formate:
pdf: ISBN 978-3-17-042107-3
epub: ISBN 978-3-17-42108-0

Inhalt

Einleitung		**7**
1	**Herausforderndes und Beachtenswertes im Familienalltag: Was Familien mit autistischen Kindern alltäglich leisten**	**11**
1.1	Diagnose – und dann?	12
1.1.1	Aufklärung des Umfelds, Erklärungs- und Rechtfertigungsdruck	14
1.1.2	Umgang mit (unliebsamen) Gedanken und Gefühlen	17
1.1.3	Autismus verstehen lernen, Erziehung neu lernen	18
1.2	(Verhaltens-)Besonderheiten des Kindes	19
1.2.1	Der andere Blick auf die Welt	20
1.2.2	Overload, Meltdown, Shutdown	21
1.2.3	Leidensdruck und Stimmungsschwankungen	26
1.2.4	Nähe und Distanz	30
1.2.5	Personelle Fixierung	33
1.2.6	Kommunikation	36
1.2.7	Essensgewohnheiten	46
1.2.8	Motorische Ungeschicklichkeit und mangelnde Kraftdosierung	49
1.2.9	Umgang mit Grenzüberschreitungen	50
1.2.10	Routinen, Rituale und Wiederholungen	53
1.2.11	»Darfs vielleicht a bisserl mehr sein?«	65
1.2.12	Wunsch nach Freundschaften vs. sozialer Überforderung	73
1.2.13	Die Familie als sicherer Hafen, Tankstelle und Blitzableiter	79
1.2.14	Jedes Verhalten hat seinen Grund!	82
1.2.15	Das Geschenk autistischer Kinder	84
2	**Zur Situation nicht-autistischer Geschwisterkinder: »Wer kümmert sich um mich?«**	**87**
2.1	Geschwisterrivalität	89
2.2	Überforderung	91
2.3	Schuldgefühle	94
2.4	Leidensdruck	95

3 Herausfordernde Kinder oder herausgeforderte Gesellschaft? Familiäre Herausforderungen im gesellschaftlichen Kontext — 97

3.1	Herausfordernde Gesellschaft?	98
3.1.1	Worte schaffen Wirklichkeiten	99
3.1.2	»Der Junge hat doch überhaupt nichts!«	104
3.1.3	Grenzverletzungen	107
3.1.4	Sanktionen und negative Konsequenzen	110
3.1.5	Rufe nach Selbstständigkeit	111
3.1.6	Sozialer Rückzug bis hin zur Isolation	113
3.2	Umgang mit Behörden und anderen Hilfesystemen	117
3.2.1	Machtkämpfe und gegenseitiges Kräftemessen	119
3.2.2	Nicht überall, wo Fachkraft draufsteht, ist auch Fachkraft drin!	125
3.3	Herausforderung inklusive Beschulung: Das Kind geht auf eine Regelschule, dann muss es sich auch wie ein/e Regelschüler/in verhalten!	128
3.3.1	Inklusion in Deutschland	130
3.3.2	Herausforderungen des Schulalltags	132
3.4	Innere Haltung und Situationsbewertung	138
3.5	Die Pandemie	142

4 Auswirkungen auf das Familiensystem: Warum verhalten sich Eltern autistischer Kinder so »komisch«? — 145

4.1	Kämpferische, widerständige, unkooperative, schwierige, anmaßende und besserwisserische Eltern?	146
4.2	Wünsche von Eltern autistischer Kinder	151

Schlussbemerkung — 158

Nachwort der Autorin — 160

Literaturverzeichnis — 161

Einleitung

Die Erziehung autistischer Kinder stellt an alle Familienmitglieder besondere Herausforderungen, die sie im Alltag nicht selten an die Grenzen ihrer emotionalen und praktischen Belastbarkeit führen. Wenn das Verhalten autistischer Kinder in der Öffentlichkeit auf Unverständnis stößt und sich die Eltern den Vorwürfen über fehlgeschlagene Erziehung, mangelnder Erziehungskompetenzen oder auch fehlender Kooperationsbereitschaft ausgesetzt sehen, kommen sie oftmals (ungewollt) in eine Erklärungs- und Rechtfertigungssituation gegenüber den Kritiker/innen und Fachleuten, obwohl sie im Hinblick auf ihr autistisches Kind selbst eine Expert/innenrolle innehaben.

Sie verstehen damit im besten Fall die Besonderheiten ihres Kindes und erkennen meist auch die Motive und Bedürfnisse dahinter, weshalb sie viele Dinge im Alltag bewusst »anders« handhaben und für Außenstehende scheinbar immer wieder zu »ungewöhnlichen« und »unerklärbaren« Maßnahmen greifen, um ihrem Kind im Rahmen seiner individuellen Möglichkeiten eine Teilhabe am gesellschaftlichen Leben zu ermöglichen. Nicht selten gehen sie in diesen Zusammenhängen auch mit Außenstehenden direkt in Konfrontation, um ihre Kinder vor Übergriffen zu schützen und für dessen Rechte zu kämpfen. Betroffene Eltern werden deshalb im Kontakt mit der Außen- und Fachwelt häufig als »schwierig«, »widerständig« oder »unbelehrbar« wahrgenommen, ihre Verhaltens- und Reaktionsweisen erscheinen verwunderlich, werden (schonungslos) kritisiert, falsch gedeutet oder zumindest in Frage gestellt, was den Alltag der Familien jedoch noch zusätzlich belastet.

Demzufolge verhalten sich nicht nur autistische Kinder irgendwie »komisch«, sondern auch das Verhalten ihrer Eltern erscheint in zahlreichen Situationen »komisch« und damit nicht immer nachvollziehbar, worauf der Buchtitel bereits anspielen soll. In diesem Kontext wird »komisch« einerseits im Sinne von »ungewöhnlich«, »eigenartig« oder »bizarr« verstanden, da das Verhalten und die Motive der Kinder und deren Eltern oder auch ihr direkter Umgang mit diesen bzw. der hohe Aufwand, der alltäglich um diese Kinder herum betrieben wird, nicht verstanden und deshalb kritisiert werden. Anderseits kann »komisch« jedoch auch als »lustig«, »witzig« oder »drollig« übersetzt werden, da das befremdliche Verhalten der Kinder von Außenstehenden aus Unwissen nicht selten auch ins Lächerliche gezogen wird. Auch die Reaktions- und Verhaltensweisen der Eltern und Geschwisterkinder erscheinen in manchen Situationen auf den ersten Blick für Außenstehende »belustigend« und können in diesem Zusammenhang für Dritte durchaus zum abendfüllenden Gesprächs- und Lästerthema werden.

Eltern autistischer Kinder haben gerade hierfür häufig äußerst sensible Antennen, weshalb sie dieser Aspekt auch innerlich sehr zerreißen kann. Dennoch gehen sie in diesem Kontext – nicht zuletzt mangels eigener Ressourcen oder fehlender Erfolgschancen – kaum in Konfrontation, sondern ziehen sich zunehmend mit ihren Kindern aus der Öffentlichkeit zurück, was ihren Kritiker/innen jedoch schlimmstenfalls den Nährboden für weiteren Spott, weitere Kritik und auch weitere Spekulationen bereitet, so dass es Eltern am Ende im Prinzip nie richtig machen können.

Das vorliegende Buch hat deshalb zum Ziel, das Schweigen vieler Familien mit autistischen Kindern zu durchbrechen und anhand von Fallbeispielen deren individuelle Herausforderungen, Belastungen, aber auch ihre alltäglichen Leistungen, ihre persönlichen Ressourcen und Wünsche in den Mittelpunkt zu stellen, die im gesellschaftlichen Kontext häufig nicht gesehen, erkannt, verstanden oder berücksichtigt werden. Da diese auf Seiten der Eltern aus verschiedensten Gründen meist nicht offen thematisiert werden, bleiben sie innerfamiliär eher im Verborgenen und erscheinen damit für andere unsichtbar. Denn Tatsache ist, dass das Thema Autismus-Spektrum von vielen Menschen nach wie vor nicht richtig verstanden wird und die zahlreichen Auswirkungen auf das Familiensystem demzufolge auch häufig völlig unterschätzt oder gar bagatellisiert werden, so dass in diesem Bereich noch viel Aufklärung notwendig ist.

Neben der Offenlegung und Aufklärung, soll das Buch noch Verständnis für die (vermeintlichen) Eigenarten im Verhalten und in den Handlungen innerhalb dieser Familiensysteme erzeugen und Angehörige, Personen aus dem näheren Umfeld der Familie, aber auch Fachkräfte dafür sensibilisieren, warum diese Familien viele Dinge anders machen, anders denken und sich in vielen Situationen auch anders verhalten. Ferner möchte es durch den fachlichen und persönlichen Hintergrund der Autorin eine Brücke zwischen Eltern, autistischen Menschen und der Fachwelt schlagen, um damit eine wesentliche Voraussetzung für eine erfolgreiche, vertrauens- und verständnisvolle Zusammenarbeit zu schaffen.

Das Buch soll somit letzten Endes auch zum Nachdenken anregen, indem es Themen anspricht, über die Familien mit autistischen Kindern selten offen sprechen, aus Scham, Ohnmacht oder auch Hilflosigkeit, und um den Blick für Autismus-spezifische (Verhaltens-)Besonderheiten zu schärfen. Dies vermag wiederum bestenfalls dazu beitragen, dass bei der nächsten (herausfordernden) Begegnung nicht vorschnell geurteilt, sondern einfach nachgefragt und den einzelnen Familienmitgliedern bei Bedarf adäquate Unterstützung angeboten wird.

Damit richtet sich das vorliegende Werk insbesondere an Elternteile, Verwandte, Bekannte und Freund/innen aus dem Umfeld betroffener Familien mit autistischen Kindern, die mit der Diagnose Autismus-Spektrum »hadern«, diese gar anzweifeln und den Eltern im Alltag oftmals aus einem Unverständnis heraus mit (vermeintlich) guten »Rat-Schlägen« zur Seite stehen (wollen). Weiterhin ist es u. a. an Lehrer/innen, Erzieher/innen, Psycholog/innen, Therapeut/innen, Schulbegleiter/innen, Behördenmitarbeiter/innen, sonstige (pädagogische) Fachkräfte und andere am Thema Interessierte adressiert, die sich manchmal über die Verhaltens- und Reaktionsweisen betroffener Eltern und deren autistischen Kinder wundern, diese eventuell sogar insgeheim in Frage stellen und nach möglichen Erklärungsmodellen suchen.

Denn nur ein besseres Verständnis der Thematik vermag das Leben vieler Familien mit autistischen Kindern erheblich zu vereinfachen, nachhaltige Veränderungen zu bewirken und ihnen letztlich eine wahrhafte Teilhabe am Leben innerhalb der Gesellschaft zu ermöglichen.

In diesem Kontext beschäftigt sich Kapitel 1 (▶ Kap. 1) mit den zahlreichen Herausforderungen des Familienalltags, indem es zunächst auf die Diagnose (▶ Kap. 1.1) und anschließend auf ausgewählte (Verhaltens-)Besonderheiten autistischer Kinder (▶ Kap. 1.2) näher eingeht.

Kapitel 2 (▶ Kap. 2) rückt dann die besondere Situation nicht-autistischer Geschwisterkinder in den Mittelpunkt, deren individuelle Belastungen und Einschränkungen sowie die daraus resultierenden Bedarfe häufig auf den ersten Blick gar nicht erkannt und im Familienalltag – mangels persönlicher Ressourcen der Eltern – auch nur selten berücksichtigt werden können.

Kapitel 3 (▶ Kap. 3) stellt anschließend die Herausforderungen der einzelnen Familienmitglieder im gesellschaftlichen Kontext dar, indem insbesondere auf das Verhalten und die Reaktionen Außenstehender (▶ Kap. 3.1) sowie auf Probleme mit Behörden und anderen Institutionen (▶ Kap. 3.2) Bezug genommen wird. Ferner werden in diesem Kapitel noch die Themen »Inklusive Beschulung« (▶ Kap. 3.3), »Innere Haltung« (▶ Kap. 3.4) sowie die Auswirkungen der Pandemie (▶ Kap. 3.5) näher betrachtet.

Kapitel 4 (▶ Kap. 4) gibt zu Beginn nochmals einen zusammenfassenden Überblick über die aus der Behinderung resultierenden Auswirkungen auf das Familiensystem und soll im Anschluss daran auch eine Antwort geben, warum sich autistische Kinder und deren Eltern scheinbar so »komisch«

verhalten (▶ Kap. 4.1). Abschließend werden dann noch die Wünsche von Eltern autistischer Kinder dargestellt (▶ Kap. 4.2) und die Gesamtthematik damit abgerundet.

1 Herausforderndes und Beachtenswertes im Familienalltag: Was Familien mit autistischen Kindern alltäglich leisten

Das Leben mit autistischen Kindern stellt alle Familienmitglieder im Alltag vor zahlreiche Herausforderungen, die sie vermehrt an die Grenze ihrer emotionalen und praktischen Belastbarkeit führen und dabei für Außenstehende häufig unsichtbar erscheinen.

Um ihren Kindern eine Teilhabe am gesellschaftlichen Leben zu ermöglichen, wird die Alltagsorganisation aller Familienmitglieder meist vom Verhalten, den Bedürfnissen und dem Stressniveau des autistischen Kindes bestimmt. Das Aushalten eigener Macht- und Hilflosigkeit verbunden mit ambivalenten Gefühlen gegenüber ihren Kindern in Konflikt- und Spannungssituationen, lassen Eltern an sich selbst verzweifeln und ihre eigenen Erziehungskompetenzen dauerhaft in Frage stellen.

Aus Mangel an zeitlichen und persönlichen Freiräumen und Ressourcen kommen Eltern und Geschwisterkinder selbst wiederholt zu kurz und verlieren dadurch ihre individuellen Bedürfnisse völlig aus dem Blick. Statt sich hin und wieder um sich selbst zu kümmern, schlucken sie eigene ambivalente Gefühle herunter, um für das autistische Familienmitglied (vermeintlich) funktionsfähig zu bleiben.

Hinzu kommt, dass sie im Alltag hinter verschlossenen Türen oftmals als »Prellbock«, »Blitzableiter« oder auch als »Tankstelle« des autistischen Kindes fungieren, um es für das Leben da draußen »betriebsbereit« zu halten. Dies kostet sie eine Menge Nerven und Kraft, wird jedoch – aus Angst vor weiterer Kritik, vor Ablehnung oder auch davor, das Gegenüber schlichtweg zu überfordern – selten nach außen hin offen kommuniziert. Im Gegenzug dazu verbringen sie ihre Zeit eher damit ein Lächeln aufzusetzen und anderen auf Nachfrage hin zu versichern, dass sie alles im Griff haben und alles in Ordnung ist.

Der nachfolgende Abschnitt beschäftigt sich deshalb zunächst mit dem anstrengenden Weg der Diagnose, um sich anschließend mit einer Auswahl potenzieller (herausfordernder) (Verhaltens-)Besonderheiten des autistischen Kindes auseinanderzusetzen, mit denen die einzelnen Familienmitglieder nahezu täglich konfrontiert sind und umzugehen erlernen müssen. Denn nur so sind sie dauerhaft dazu in der Lage sich den speziellen Herausforderungen des Familienalltags zu stellen und diesen standhalten zu können.

1.1 Diagnose – und dann?

Entwickelt oder verhält sich das eigene Kind (dauerhaft) außerhalb der Norm, wächst bei den betroffenen Eltern meist auch die Sorge und sie sind persönlich bzw. werden auch von Außenstehenden vermehrt dazu aufgefordert, doch mal »genauer hinzuschauen« und möglichst zeitnah zu intervenieren. Steigt dann auch noch der individuelle Leidensdruck aller Beteiligten – insbesondere des betroffenen Kindes und seines familiären Umfelds – wird der Ruf nach einer Diagnostik immer lauter, so dass sich Eltern am Ende auch (scheinbar) nicht länger dagegen wehren können, da ihnen ohne diese viele Hilfesysteme schlichtweg verschlossen bleiben.

Der Entscheidungsprozess

Die Entscheidung für oder gegen eine Diagnostik des Kindes ist für Eltern immer auch ein innerlicher, individueller Prozess, der entsprechend Zeit braucht. Demzufolge wird diese im Regelfall nicht spontan oder leichtfertig getroffen, sondern immer wieder genauestens abgewogen, vielleicht auch in der Hoffnung, dass die Auffälligkeit nur eine »Phase« ist und sich »das Problem« mit zunehmendem Alter und Reife des Kindes doch noch von selbst auflöst.

Die Befürchtung der Eltern, die ja nicht ganz abwegig erscheint, ist, dass eine Diagnose am Ende auch immer bedeutet, das eigene Kind gegebenenfalls ein Leben lang in eine bestimmte »Schublade zu stecken« oder ihm/ihr (verfrüht) auch einen vermeintlichen »Stempel aufzudrücken«, den es nicht mehr loswird und der ihm/ihr eventuell auch bestimmte Wege oder Möglichkeiten in der Zukunft erschwert oder gar verhindert. Ferner offenbart eine Diagnose meist auch einen weiterführenden Interventionsbedarf, was auf Seiten der Eltern wiederum neue Fragen, Ängste und Unsicherheiten auslösen kann (z. B. die empfohlene Einnahme bestimmter Medikamente).

Da es ohne verifizierte Diagnose in Deutschland jedoch auch keine Hilfsmöglichkeiten oder keinen Anspruch auf Förderung gibt, führt am Ende oftmals kein Weg daran vorbei. Haben sich die Eltern deshalb schließlich für eine Diagnostik des Kindes entschieden, kommen – neben den bereits im Alltag mit der Erziehung des Kindes bestehenden – neue (unbekannte) Anforderungen und Herausforderungen auf sie zu, die sie vermehrt an die Grenzen ihrer eigenen Belastbarkeit führen können.

Negative Erfahrungen im (medizinischen) System, wie unter anderem lange Wartezeiten, viele Termine, (fachlich) inkompetente Anlaufstellen, der anhaltend defizitäre Blick auf das eigene Kind, potenzielle Fehldiagnosen, das wiederholte Offenbaren der eigenen Ohnmacht und Hilflosigkeit im familiären System verbunden mit dem ständigen in Frage stellen der eigenen Erziehungskompetenzen und damit auch der Bagatellisierung der geschilderten Auffälligkeiten und Problematiken des Kindes, sind dabei keine Seltenheit und führen auf Elternseite auch immer wieder dazu, die Entscheidung für eine Diagnostik erneut zu hinterfragen oder diese auch wieder abzubrechen.

Steht die Diagnose dann jedoch (endlich) fest, ist der Leidensweg für alle Beteiligten häufig noch lange nicht zu Ende. Nun stehen sie alle erneut vor unbekannten Aufgaben, für deren Bewältigung ihnen zu diesem Zeitpunkt oftmals das Wissen und die Handlungskompetenz fehlen. Nur weil das »Problem« nun einen Namen hat, ist es leider noch lange nicht gelöst.

Trauerarbeit

Der Zeitpunkt der Autismus-Diagnose des Kindes stellt für betroffene Eltern meist ein einschneidendes Ereignis dar und beeinflusst nachhaltig deren Lebensperspektive. Mit der Diagnose beginnt damit häufig auch ein Abschied von der Hoffnung auf ein gesundes und unbeschwert aufwachsendes Kind. So müssen sich alle Familienmitglieder mit der Enttäuschung und Trauer, die mit diesem Abschied verbunden sind, den Folgen und der Bedeutung der Diagnose für die Entwicklung des Kindes sowie den persönlichen Einschränkungen auseinandersetzen, welche die Betreuung und Erziehung voraussichtlich mit sich bringen werden (Sohlmann, 2009). Sie müssen zudem akzeptieren lernen, dass sich der Weg und die Zukunft ihres Kindes womöglich »anders« gestalten wird und sie dessen Entwicklung nur bedingt beeinflussen können.

Persönliche Lebenspläne müssen damit neu geprüft und gegebenenfalls auch aufgegeben bzw. der jeweiligen Familiensituation entsprechend angepasst werden, woraus sicherlich auch Zukunftsängste und Unsicherheiten innerhalb des Familiensystems resultieren können. Gefühle von Wut und Hilflosigkeit über die Unveränderlichkeit der Tatsache, dass das eigene

Kind »anders« ist, können aufkommen. Auch Schuldgefühle der Eltern und das Hinterfragen der eigenen Verantwortung an der Situation sind dabei keine Seltenheit.

Die Trauer über die Situation bzw. die Akzeptanz der Diagnose geschieht dabei nicht zu einem fixen Zeitpunkt, sondern unterliegt einem individuellen Prozess. Da die Einschränkungen des Kindes stetigen Einfluss auf die familiären Lebensanforderungen nehmen, kann der Prozess des Annehmens mitunter lange Zeit andauern, aber auch wiederholt im Alltag aktiviert werden.

1.1.1 Aufklärung des Umfelds, Erklärungs- und Rechtfertigungsdruck

Haben Eltern die Diagnose des Kindes erst einmal verarbeitet und akzeptiert bzw. ist ihrerseits eine erste (konstruktive) Auseinandersetzung mit der Thematik erfolgt, kann die Diagnose durchaus auch eine Entlastung darstellen, da sie ihnen (und anderen) neue Erklärungsmodelle für das Verhalten des Kindes sowie neue Handlungs- und Förderoptionen eröffnet. Ferner werden die betroffenen Eltern auch ein stückweit – zumindest innerlich – von den Vorwürfen fehlgeschlagener Erziehung oder auch potenzieller Vernachlässigung ihrer Kinder »freigesprochen«, da die Besonderheiten und Auffälligkeiten in der Regel vorrangig im Autismus zu suchen und somit in der Genetik des Kindes begründet sind.

Zu diesem Zeitpunkt gilt es für Eltern nun auch das nähere Umfeld des Kindes, insbesondere die eigene Verwandtschaft, adäquat miteinzubeziehen und entsprechend über dessen individuelle Besonderheiten aufzuklären. Dieser Aspekt geschieht häufig jedoch nicht ohne entsprechende Reibungsverluste und stellt damit eine weitere Herausforderung im Alltag der Eltern dar, die mitunter sehr belastend, frustrierend und kräftezehrend sein kann. Auch scheint es nicht zu jedem Zeitpunkt oder in jeder Situation sinnvoll und förderlich zu sein, den Autismus des Kindes offenkundig zu machen, da diese Thematik beim Gegenüber beispielsweise Berührungsängste oder generelle Vorbehalte auslösen und der »neutrale Blick« auf das Kind dabei verloren gehen kann.

Neben zahlreichen Diskussionen, Zweifeln an der Richtigkeit der Diagnose, guten »Rat-Schlägen« (▶ Kap. 3.1.1) und anhaltenden Kritiken an der eigenen Erziehungskompetenz, sehen sich die Eltern im Alltag – trotz Diagnose – damit weiterhin mit Unverständnis, Intoleranz und dem Halbwissen Dritter konfrontiert, was sie wiederum in Erklärungs- und Rechtfertigungsnöte bringt, obwohl sie sich in der Anfangsphase selbst noch auf

»neuem Terrain« befinden und nicht auf jede Frage unmittelbar eine Antwort oder gar eine Lösung parat haben. Nur weil es nun eine Diagnose gibt, ändert sich damit nicht automatisch auch das Verhalten des Kindes, so dass dieses weiterhin in seinem Umfeld auf Irritation und Ablehnung stößt. Eltern sehen sich deshalb spätestens zu diesem Zeitpunkt mit der Forderung zum sofortigen Handeln konfrontiert und werden dabei noch zusätzlich von ihrem Umfeld unter Druck gesetzt, was die Situation für alle Beteiligten sicherlich nicht einfacher macht. An dieser Stelle wünschen sich Eltern u. a. zeitnah fachlich kompetente Unterstützung, Begleitung und Aufklärung, um sich entlasten, Sicherheit zu erlangen und dauerhaft handlungsfähig bleiben zu können (▶ Kap. 4.2).

Hinzu kommen die häufig weit verbreiteten (medialen) (Fehl-)Informationen zu der Thematik, die Außenstehenden teilweise ein völlig falsches Bild über das Erscheinungsbild und die Komplexität des Spektrums vermitteln, so dass sich Eltern auch hier entsprechend erklären und rechtfertigen müssen, sollte ihr eigenes Kind nicht auf den ersten Blick diesem Bild exakt entsprechen.

Das herausgeforderte System

Neben der täglichen innerfamiliären Betreuung und Begleitung des autistischen Kindes bewegen sich Eltern mit ihrem Kind innerhalb der Öffentlichkeit in zahlreichen Sub- und Regelsystemen (▶ Abb. 1.1), die das autistische Kind selbst meist gar nicht auf den ersten Blick erkennen oder auch voneinander unterscheiden kann, so dass es auch die damit verbundene und von ihm geforderte Anpassungsleistung der verschiedenen Systeme gar nicht zu erbringen vermag.

Je nach Intensität, Qualität und auch Häufigkeit der Kontakte und je nach individueller Tagesform, Reizschwelle und Anpassungsfähigkeiten des Kindes, treten auch dessen Besonderheiten und Auffälligkeiten innerhalb dieser Systeme entsprechend unterschiedlich stark auf und werden von den Beteiligten unterschiedlich wahrgenommen, definiert oder auch beurteilt, was für Eltern wiederum nicht immer verständlich erscheint und auf die Dauer auch sehr belastend sein kann.

Außenstehenden hingegen ist diese Vielzahl an Systemen oftmals gar nicht bewusst, da sie das Kind selbst in der Regel nur in ihrem eigenen Bereich für einen begrenzten Zeitraum punktuell erleben, so dass sie niemals das komplette Ausmaß seiner Einschränkungen und Besonderheiten erfahren und damit grundsätzlich auch kein realistisches Urteil über das Kind fällen können. Die Erzählungen der Eltern können hierbei vielfach irritierend

1 Herausforderndes und Beachtenswertes im Familienalltag

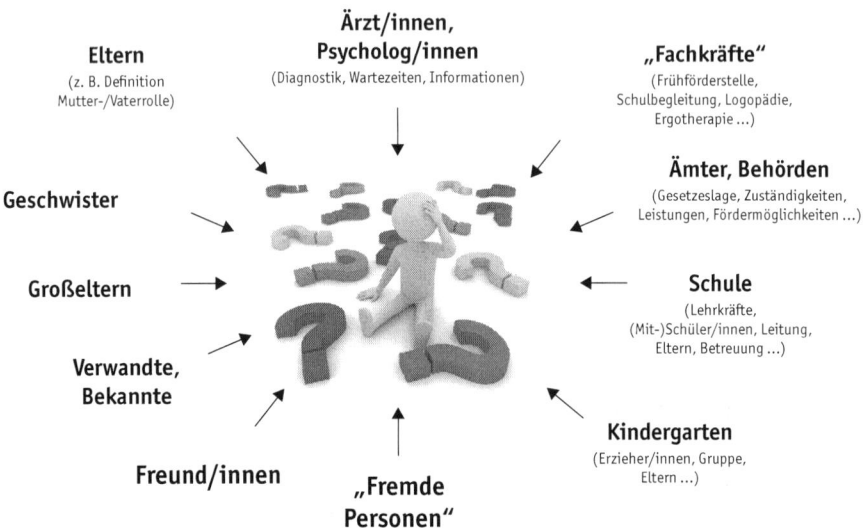

Abb. 1.1: Übergeordnetes System eines autistischen Kindes

auf diese wirken, sofern sie nicht dem Bild entsprechend, welches sie sich selbst von dem Kind gemacht haben. Eltern würden sich an dieser Stelle wünschen, dass man ihren Schilderungen vorbehaltslos vertraut, ohne ihr eigenes Urteil wiederholt in Frage zu stellen (▶ Kap. 4.2).

Hinzu kommt, dass viele dieser aufgeführten Bereiche im Alltag des Kindes eine weitere Überforderung und/oder Belastung darstellen und zusätzlich – z. B. durch mangelndes Verständnis oder Wissen, fehlende Akzeptanz oder Toleranz von »Andersartigkeit«, ungeeignete Strukturen oder Rahmenbedingungen – direkt oder auch indirekt dazu beitragen können, dass sich Auffälligkeiten verfestigen oder unerwünschtes Verhalten zeigt, was die betroffenen Eltern wiederum unter Erklärungs- und Rechtfertigungsdruck setzt (▶ Kap. 3).

Die Konsequenz ist häufig, dass Eltern die Anzahl der Auftritte oder Termine ihres autistischen Kindes in der Öffentlichkeit möglichst auf ein Minimum reduzieren, um dieses (und sich selbst) nicht fortwährend zu überfordern. Dies erscheint ihnen jedoch – aufgrund dessen individuellen Einschränkungen – manchmal kaum möglich zu sein. So sind beispielsweise bei vielen Familien – neben der Autismus-spezifischen Förderung – häufig parallel noch zahlreiche weitere Behandlungstermine (z. B. Ergo-, Logo- oder auch Physiotherapie) oder auch zusätzliche (fach-)ärztliche Untersuchungen des autistischen Kindes an der Tagesordnung, die vom

Aufwand und in der Menge durchaus für alle Familienmitglieder alltagsbeeinträchtigend und sehr kräftezehrend sein können.

1.1.2 Umgang mit (unliebsamen) Gedanken und Gefühlen

Autistische Kinder stehen – aufgrund ihrer besonderen Bedürfnisse und des daraus resultierenden erhöhten Unterstützungsbedarfs – ihren Eltern häufig auch besonders nahe. Spätestens nach Erhalt der Diagnose erforschen sie ihre autistischen Kinder im Alltag nicht selten bis ins kleinste Detail, um von ihnen zu lernen, sie bzw. ihr Verhalten zu verstehen und sie besser unterstützen zu können. Im Laufe der Zeit wachsen sie (im Idealfall) gemeinsam an den zahlreichen Herausforderungen, die das Leben an sie stellt, und die eigene Sicht auf die Welt verändert sich.

Die Beziehung zwischen Eltern und autistischen Kindern ist deshalb auf der einen Seite häufig durch eine enge Verbundenheit und eine besondere Intensität gekennzeichnet: Ihre Liebe und Freude, ihre Wut und ihr Ärger, ihre Ängste, ihre Sorgen und insbesondere auch ihr Leid treffen sie mitten ins Herz und schweißen sie zusammen.

Aber auch hier liegen – wie so oft – Freud und Leid sehr eng beieinander. Neben der engen Verbundenheit, sind auch Gefühle von Ohnmacht, Macht- und Hilflosigkeit sowie ständige Selbstzweifel und das in Frage stellen der eigenen Elternrolle und Erziehungskompetenzen, Schuld- und Schamgefühle, Gefühle der Überforderung und des Versagens allgegenwärtige Begleiter eines herausfordernden Familienalltags, auch wenn die betroffenen Eltern diese häufig verdrängen und sie möglichst nicht an sich herankommen lassen wollen, da diese sie (womöglich) in ihrer »Funktionsfähigkeit« behindern.

Hinzu kommen ambivalente Gefühle gegenüber dem autistischen Kind selbst, vor allem in Spannungs- und Überforderungssituationen, die sich die betroffenen Eltern selten erlauben, da sie Schuldgefühle erzeugen und mit eigenen Moral- und Wertevorstellungen in Konflikt geraten.

»Manchmal könnte ich dieses Kind...«, »Am liebsten würde ich dieses Kind...« sind nur einige Gedanken, die sich Eltern nicht auszusprechen trauen, da sie befürchten, ihr Umfeld (und sich selbst) damit in eine Ecke zu drängen, in der sie nicht stehen wollen und in die sie auch nicht hingehören.

Indem Eltern diese Gedanken und (unliebsamen) Gefühle jedoch verdrängen, verleugnen und nicht wahrhaben wollen, werden sie mit der Zeit nur noch intensiver oder brechen sich auf andere Weise Bahn, um »gehört« zu werden. Langfristige gesundheitliche Konsequenzen sind dabei keine Seltenheit, welche die Eltern dann jedoch wiederum im Umgang mit oder auch in ihrer Handlungsfähigkeit gegenüber ihren autistischen Kindern stark einschränken können.

1.1.3 Autismus verstehen lernen, Erziehung neu lernen

Eltern autistischer Kinder merken in der Regel bereits sehr früh, dass herkömmliche Erziehungsmethoden wirkungslos zu sein scheinen und das eigene, intuitive Erziehungsverhalten bei ihren Kindern häufig dauerhaft nicht zu den gewünschten Ergebnissen bzw. Erfolgen führt. So benötigen Kinder im Autismus-Spektrum nicht nur ein besonderes Verständnis für ihre speziellen Problemlagen und Verhaltensweisen sowie adäquate Strukturen und Rahmenbedingungen, sondern auch einen anderen Zugang und Blick auf ihre Welt, um ihnen im Alltag effektive Unterstützung und Hilfestellungen zu geben und sie in ihrer Entwicklung zu fördern.

Eine intensive Auseinandersetzung mit der Thematik sowie ein hohes Maß an Selbstreflektion und Empathie stellen dabei eine wichtige Grundvoraussetzung dar, um den betroffenen Eltern den Umgang mit ihren Kindern im Alltag zu erleichtern, ihnen neue Handlungskompetenzen und Selbstwirksamkeit zu ermöglichen und damit für nachhaltige Entlastung aller Beteiligten zu sorgen. Erziehung muss somit schlichtweg neu gelernt werden.

Auch bei der meist sehr engagierten und kräftezehrenden Suche nach geeigneten (externen) Hilfs- und Förderangeboten für ihr Kind stoßen die überforderten Eltern häufig an (ihre) Grenzen und werden auf diesem Weg leider noch viel zu oft allein gelassen. So müssen sie sich nach der Diagnose nicht nur das notwendige Wissen und die entsprechenden Wege hierzu selbst aneignen und sich darüber hinaus mit den einzelnen unterschiedlichen Förderansätzen intensiv auseinandersetzen, um wiederum eine wohlüberlegte und gute Entscheidung für ihr Kind treffen zu können. Sie müssen sich darüber hinaus auch noch mit zahlreichen Anträgen und Behördenterminen befassen, um überhaupt eine Kostenzusage und damit auch – mit entsprechenden Wartezeiten – einen Zugang zu diesen Angeboten zu erhalten. So ist es deutschlandweit keine Seltenheit, dass ab der Diagnose noch Jahre vergehen, bis das eigene Kind eine geeignete Förderung erhält, was von den betroffenen Eltern wiederum – trotz begrenzter Ressourcen – immer wieder auch abverlangt im Sinne ihres Kindes aktiv zu werden, zu kämpfen, dranzubleiben und nicht aufzugeben. Ihnen diese Leistung hin und wieder offen anzuerkennen und wertzuschätzen könnte bereits wesentlich dazu beitragen, den persönlichen Blick auf die überforderten Systeme zu verändern und die eigene (kritische) Haltung zu hinterfragen (▶ Kap. 4.1).

Mit dem Erhalt einer Diagnose ist der Weg der betroffenen Familien damit noch lange nicht abgeschlossen, er hat nur eine neue, bisher unbekannte Abzweigung genommen. Aufgrund der hohen Anforderungen benötigen betroffene Eltern zu diesem Zeitpunkt mehr denn je Verständnis und Wertschätzung, Toleranz und Akzeptanz, professionelle Unterstützung und Begleitung – sowohl bei der Bewältigung von Erziehungs- und Gesundheitsfragen als auch in der emotionalen Auseinandersetzung –, um die kommenden Herausforderungen des Lebens annehmen und dauerhaft gut bewältigen zu können (▶ Kap. 4.2).

1.2 (Verhaltens-)Besonderheiten des Kindes

Richtet man die Perspektive auf die Verhaltensbesonderheiten autistischer Kinder, so lässt sich zunächst festhalten, dass innerfamiliär eine enorme Bandbreite an herausfordernden und belastenden Verhaltensweisen existiert, deren Ausmaß, Intensität oder auch Vorhandensein für Außenstehende häufig unsichtbar ist bzw. auch nicht gesehen wird. Ferner sind diese Besonderheiten auch immer wieder geprägt von der individuellen Reizschwelle der jeweiligen Familienmitglieder und abhängig von deren persönlicher Tagesform.

So kommt es z. B. wiederholt vor, dass bestimmte Verhaltensweisen des autistischen Kindes, die vielleicht in der Öffentlichkeit bereits als irritierend oder auch herausfordernd wahrgenommen/bewertet werden, für Familienmitglieder völlig normal erscheinen oder auch als »kleineres Übel« hingenommen werden, so dass von dieser Seite keinerlei Reaktion oder Intervention darauf erfolgt. Andere Verhaltensweisen wiederum, die für Außenstehende – z. B. aufgrund des kurzen Kontakts mit dem Kind – als eher wenig belastend oder herausfordernd bewertet werden, können einzelne Familienmitglieder bei deren Auftreten bereits nach kurzer Zeit an den »Rand des Wahnsinns« bringen. Dementsprechend heftig kann auch die Reaktion darauf erfolgen, was bei Dritten wiederum zu Unverständnis und vorschnellen Rückschlüssen (»Das arme Kind!«) führt und der eigentlichen Belastungssituation sowie der alltäglichen Leistung aller Familienmitglieder in keiner Weise gerecht wird.

1 Herausforderndes und Beachtenswertes im Familienalltag

Der nachfolgende Abschnitt beschäftigt sich deshalb intensiv mit einigen ausgewählten (Verhaltens-)Besonderheiten autistischer Kinder sowie dem exemplarischen Umgang der einzelnen Familienmitglieder damit, ohne dass hier ein Anspruch auf Vollständigkeit oder gar Generalisierbarkeit erhoben wird. Denn so individuell, wie autistische Kinder sind, so individuell können auch ihre (herausfordernden) Verhaltensweisen im Alltag der Familien und letztlich der Umgang aller Beteiligten damit sein.

1.2.1 Der andere Blick auf die Welt

Autistische Kinder haben einen anderen Blick auf die Welt, interpretieren (soziale) Situationen oder auch Worte ihrer Mitmenschen häufig aus einer völlig anderen Logik oder auch Perspektive heraus. Dies führt nicht nur innerhalb des näheren Umfelds oder innerhalb von Institutionen, wie Kindergarten und Schule, immer wieder zu Problemen und Missverständnissen, sondern stellt auch innerfamiliär – trotz Verständnis und verstärkter Rücksichtnahme – eine Herausforderung dar, die nicht selten alle Beteiligten schlichtweg verzweifeln lässt.

Der Blickwinkel des autistischen Kindes ist dabei häufig – nicht zuletzt beeinflusst durch zahlreiche negative Erfahrungen aus dessen Vergangenheit – von außen betrachtet äußerst pessimistisch und defizitorientiert, was für Eltern und Geschwister emotional sehr herausfordernd sein kann und sie manchmal auch innerlich zu zerreißen droht, weil sie den Leidensdruck des Kindes dahinter spüren und es für sie selbst auf die Dauer kaum auszuhalten scheint.

Jeglicher Versuch auf Elternseite dieser Denkweise einen neuen (positiven oder auch neutralen) Rahmen bzw. Impuls zu geben, um das soziale Verständnis des Kindes zu fördern und die Dinge vielleicht auch mal »anders« zu sehen, zu fühlen bzw. mit ihren Augen wahrzunehmen, erscheinen im Familienalltag häufig gänzlich kontraproduktiv und führen auf Dauer eher dazu, dass sich das betreffende Kind auf dieser Welt noch unverstandener, ungeliebter oder auch noch weniger als Mensch respektiert oder gewollt fühlt. Infolgedessen führen diese Versuche nicht selten zu einer weiteren zwischenmenschlichen Eskalation, da das autistische Kind – trotz eigener Anstrengung – kaum in der Lage ist, von seinem Standpunkt abzurücken und damit seine eigene Sicherheit, Orientierung und Struktur ins Wanken zu bringen.

Dabei ist es meist gar nicht das Ziel vieler Eltern ihren Kindern die angebotene »Denkweise« ungefragt aufzustülpen, damit es diese mechanisch übernimmt, sich bedingungslos anpasst und für die Gesellschaft dauerhaft besser funktioniert. Die Hinweise oder Erklärungen dienen letztlich nur dazu, ihm das Verhalten und die Reaktionen der anderen verständlich und damit auch die Welt ein bisschen weniger bedrohlich erscheinen zu lassen.

Neben der gesellschaftlichen Aufklärung über das Thema Autismus-Spektrum braucht es auch für autistische Kinder immer wieder einen (vorurteilsfreien und respektvollen) Raum, in dem ihnen die »neurotypische« Welt mit Herz und Verstand (im Rahmen ihrer individuellen Möglichkeiten und Ressourcen) erklärt und offenbart wird, um damit dauerhaft Ängste abzubauen, Ordnung und Orientierung zu schaffen und Missverständnisse zu vermeiden.

Diese Aufklärung findet nicht zuletzt im Wesentlichen innerhalb der Familien statt, ist jedoch mitunter für Eltern und Geschwister zeitweise sehr anstrengend, frustrierend und kräftezehrend, da es von ihnen wiederum viel Geduld, Ausdauer und einen langen Atem abverlangt.

1.2.2 Overload, Meltdown, Shutdown

> **Gefangen im Chaos der Gefühle**
>
> Der Tag verläuft nicht nach Plan, was Dich überfordert, überreizt und verunsichert.
>
> Ich bleibe zunächst ruhig und entspannt, halte aus, zeige Verständnis für Dein Verhalten und Deine Gefühle, in der Hoffnung, dass Du Dich wieder entspannst und zur Ruhe kommst.
>
> Doch Deine Überforderung wird **groß und größer**, Deine Gedanken geraten in ein unaufhaltsames Chaos, Du findest für Dich keinen Ausweg.
>
> Ich mache mir Sorgen, fühle mit Dir, versuche mich in Deine Lage zu versetzen und suche für Dich aktiv nach möglichen Handlungsoptionen. Ich biete Dir Hilfestellungen an, für die Du zu diesem Zeitpunkt nicht mehr zugänglich oder empfänglich bist bzw. sein kannst.
>
> Du verlierst zusehends die **Kontrolle**, bist völlig verzweifelt, verlierst Dich in Deinen Emotionen.
>
> Meine Anspannung und Hilflosigkeit wachsen, Du bist für mich als Elternteil nicht mehr erreichbar. Ich stehe daneben und die Gewissheit wächst, dass ich nicht mehr rechtzeitig eingreifen, Dich nicht »retten« kann.

Die Situation eskaliert!
Ich fühle mich hilflos, ohnmächtig, verzweifelt, halte mit all meiner Kraft dagegen, auch wenn ich es eigentlich besser weiß. Am Ende versuche ich nur noch Dich und mich zu schützen, denn die Eskalation ist nicht mehr aufzuhalten.

Du **schreist, weinst, verletzt und zerstörst**, bis du am Ende völlig erschöpft zusammenbrichst.

Ich selbst kann nur dabei zusehen und fühle mich erschöpft, traurig, ratlos, verzweifelt, ohnmächtig, einfach mit den Nerven am Ende...

Die Zeit vergeht!
Während Du langsam zur Ruhe kommst und Dir die Zeit nimmst, die Du brauchst, meldet sich bei mir jedoch die Wut.
Ich bin **wütend,** weil...

...Dir das Leben und der Alltag häufig so große Schwierigkeiten bereiten und Dich immer wieder an Deine (Belastungs-)Grenzen bringen.

...der Meltdown deshalb in vielen Situationen unvermeidbar erscheint und Du das »Gewitter« ab und zu auch benötigst, um wieder Ordnung in Deinem Kopf zu schaffen.

...ich Dir in diesen Situationen nur bedingt helfen und Dich nicht davor beschützen kann.

...ich selbst an meine Belastungsgrenzen stoße (oder weit darüber hinaus gehe) und diese Situationen nur bedingt ertragen kann.

...es mir in diesen Momenten so vorkommt, als habe ich als Elternteil versagt, weil ich Dir nicht (rechtzeitig) die Sicherheit bieten konnte, die Du gebraucht hättest.

...ich am Ende selbst häufig die Kontrolle verliere, obwohl ich weiß, dass ich damit die Situation nicht besser bzw. erträglicher für Dich mache.

Doch am **Ende** sind wir doch alle nur **Menschen**...

Eltern stehen manchmal völlig ratlos und erschöpft vor ihren autistischen Kindern, die (scheinbar) plötzlich ausflippen, ausfällig oder aggressiv werden, schreien, schlagen, kratzen, spucken oder auch völlig abschalten, für ihr Umfeld nicht mehr erreichbar sind und in sich selbst versinken. Dazu erscheint es für die Beteiligten nicht immer nachvollziehbar, warum sich das autistische Kind so verhält und zu diesem Zeitpunkt scheinbar auch nicht anders verhalten kann, was die Situation noch beängstigender und herausfordernder werden lässt.

In der Fachsprache wird in diesen Fällen auch von einem (autistischen) Overload, Meltdown oder Shutdown gesprochen. Diese Situationen können durchaus (teilweise) auch mal über Stunden hinweg andauern und sich gerade in Krisenzeiten mehrfach am Tag oder in der Woche wiederholen, was alle Beteiligten verständlicherweise dauerhaft an ihre Belastungsgrenzen führt.

Begriffserläuterung und mögliche Auslöser

Autistische Menschen weisen grundsätzlich Besonderheiten in der Informations- und Reizverarbeitung im Gehirn auf, was vereinfacht ausgedrückt bedeutet, dass ihre Sinneswahrnehmungen (hören, sehen, schmecken, riechen, tasten) häufig einer anderen Reizschwelle (zu stark oder zu schwach) unterliegen. Darüber hinaus kann eine Vielzahl von Umweltreizen nicht ausreichend vom Gehirn gefiltert oder entsprechend priorisiert werden (Filterschwäche), was wiederum bei den Betroffenen im Alltag dauerhaft zu einem erhöhten Stresspegel bis hin zu einer völligen Reizüberflutung (Overload) führen kann.

Hält dieser Overload – z. B. in stressigen Phasen und mit zunehmendem Druck von außen – dauerhaft an bzw. stehen der betreffenden Person keine geeigneten Rückzugs- oder auch Kompensationsmöglichkeiten (mehr) zur Verfügung, um den Stresspegel entsprechend zu reduzieren, bricht das System früher oder später in sich zusammen und mündet damit für den/die Betroffene/n (unkontrolliert) in einem Meltdown oder einem Shutdown. Hinzu kommt, dass auch ein Meltdown für den autistischen Menschen zu einen Shutdown führen kann (▶ Abb. 1.2).

So scheint das Gehirn bei andauernder Überforderung und Überlastung diesen »Gewitterausbruch« scheinbar zu benötigen, um wie ein Computer beim Systemabsturz komplett herunterzufahren, sich neu zu resetten und wieder Ordnung im System zu schaffen.

Ein Meltdown wird dabei – insbesondere bei Kindern – in der Öffentlichkeit häufig fälschlicherweise gleichgesetzt mit einem »Wutanfall«, was letztlich dem Ereignis, dessen Ausmaß und dem damit verbundenen Leidendruck des autistischen Kindes jedoch keinesfalls gerecht wird. Im Unterschied zu einem Wutanfall, geschehen ein Meltdown oder Shutdown nämlich unwillentlich. Sie resultieren darüber hinaus aus einer (Autismusbedingten) Reizüberflutung (Overload), sind im Gegensatz zu einem Wutausbruch nicht zielgerichtet und für den/die Betroffene/n nicht steuerbar (▶ Tab. 1.1).

1 Herausforderndes und Beachtenswertes im Familienalltag

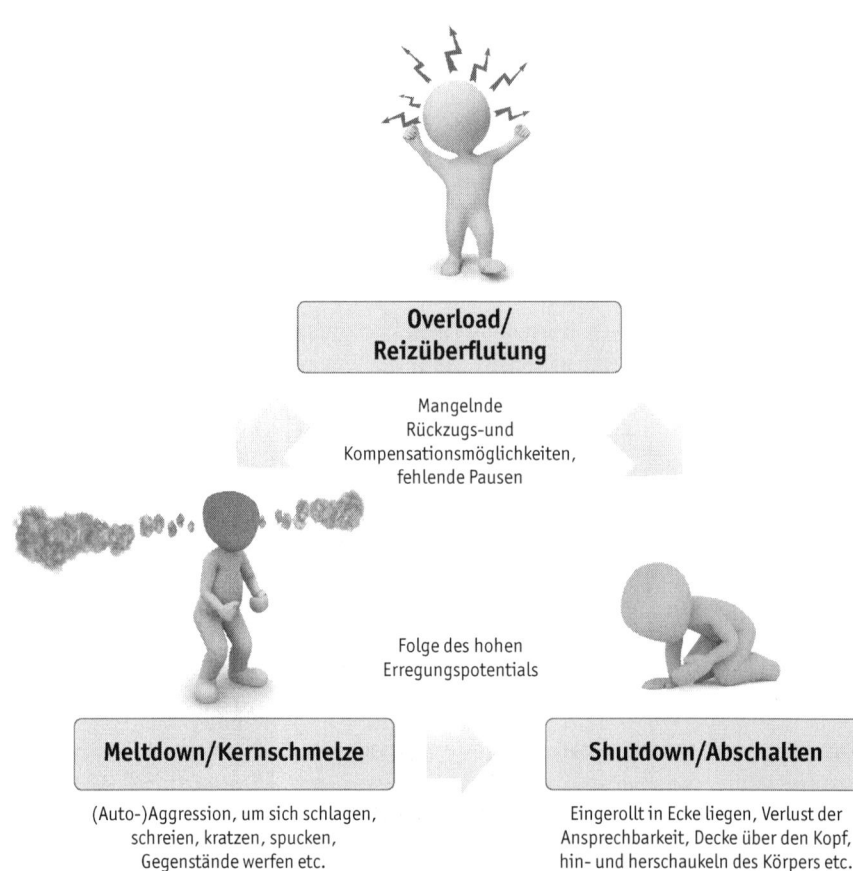

Abb. 1.2: Darstellung Overload, Meltdown, Shutdown

Autistische Kinder wollen in diesen Momenten nicht bewusst zerstören oder verletzen. Ferner macht es ihnen auch keine Freude (wiederholt) die Kontrolle zu verlieren und sich selbst und ihre Bezugspersonen in eine derartige Situation zu bringen, die von Außenstehenden häufig schlichtweg als »Wutanfall« abgetan und abgewertet wird. Entsprechend unangemessen erscheinen dann oftmals auch die äußeren Reaktionsweisen sowie die Erwartungen an die betroffenen Eltern, dass sie aktiv eingreifen und den Wutanfall möglichst schnell beenden mögen, da sie die Situation nur unnötig verschlimmern und das Leid und die Demütigung des autistischen Kindes verlängern können. Schuldgefühle und große Scham sind dabei keine Seltenheit.

Tab. 1.1: Unterschiede zwischen Wutanfall und Meltdown

Wutanfall	Meltdown/Shutdown
Auslöser erkennbar	Auslöser häufig nicht erkennbar
Resultat aus Ärger und Frust	Resultat aus Reizüberflutung/Überforderung
zielgerichtet	nicht zielgerichtet
(meist) kontrollierbar, **»gewollt«**	unkontrolliert, unwillentlich
möglicherweise verhandelbar	nicht verhandelbar
Anstieg und Abflachung der Emotionen	häufig zyklischer, wellenförmiger Verlauf
kurze, begrenzte Zeitdauer	kann über Stunden andauern
endet, wenn das Ziel erreicht ist	häufig kein klares Ende
Aufmerksamkeit/Beachtung gewollt	Aufmerksamkeit/Beachtung unwesentlich

Bewahren Eltern in diesen Situationen (im Idealfall) die Ruhe, was sicherlich per se schon eine Meisterleistung ist, werden sie nicht – wie von ihnen erwartet – »erzieherisch« tätig und weisen sie ihr Kind z. B. nicht zurecht oder versuchen sein »ungehöriges« oder »störendes« Verhalten möglichst zu unterbinden oder es zumindest entsprechend zu sanktionieren, stößt dies in der Öffentlichkeit auf Unverständnis und herbe Kritik. Schlimmstenfalls sehen sich Dritte noch dazu berufen entsprechend einzuschreiten und stellvertretend Grenzen zu setzen – da sich die Eltern ja offensichtlich nicht dazu in der Lage fühlen – und tragen damit zusätzlich noch zur Demütigung aller Beteiligten sowie zur weiteren Eskalation der Situation bei, so dass es am Ende nur »Verlierer« gibt.

Ein Meltdown oder Shutdown kann sich manchmal auch über mehrere Tage hinweg aufbauen. Die betreffende Person befindet sich in diesem Zeitraum scheinbar in einem Ausnahmezustand und durchgehend im Overload, wirkt z. B. fahrig, unruhig, impulsiv, selbst bei Kleinigkeiten völlig überfordert, hat starke Stimmungsschwankungen und ist für sein Umfeld kaum (noch) erreichbar. In diesen Phasen kann es sogar vorkommen, dass sich die Familienmitglieder den Meltdown geradezu herbeiwünschen, wenn nicht sogar diesen mit allen damit verbundenen Konsequenzen »bewusst« provozieren, da dieses »reinigende Gewitter« den herausfordernden und belastenden Zustand des autistischen Kindes wieder annähernd zu »normalisieren« vermag.

Ereignen sich diese Ereignisse im häuslichen Rahmen, dort wo sich das autistische Kind sicher fühlt, bleiben sie häufig im Verborgenen und die Herausforderung ist damit für Außenstehende unsichtbar. Findet der »Ausbruch« oder »Zusammenbruch« jedoch in der Öffentlichkeit statt, steigt auch das Schuld- und Schamempfinden sowie die Ohnmacht und Hilflosigkeit aller Beteiligter, was eine (konstruktive) Auseinandersetzung mit den Auslösern im Nachgang erheblich erschweren kann, da alle die Situation möglichst schnell hinter sich bringen und vergessen möchten.

Wie die Zeilen zu Beginn des Kapitels jedoch letztlich zeigen, ist ein Meltdown nicht nur für das betreffende Umfeld (emotional und körperlich) sehr anstrengend und herausfordernd, sondern vor allem auch für das autistische Kind selbst, welches häufig im Anschluss auch noch in einen Shutdown verfällt und damit völlig erschöpft in sich zusammenbricht. Die Nachwirkungen eines Meltdowns oder Shutdowns können dabei teilweise über mehrere Tage hinweg anhalten, so dass das autistische Kind z. B. auch in den Folgetagen gegebenenfalls nur eingeschränkt leistungsfähig ist, noch mehr Unterstützung von seiner Familie und auch entsprechenden Raum und ausreichend Zeit benötigt, um sich zu erholen und die Ereignisse zu verarbeiten.

1.2.3 Leidensdruck und Stimmungsschwankungen

Gefühle sind im Leben eines jeden Menschen, wie ein Kompass, existenzielle Wegweiser. Sie dienen damit der persönlichen Orientierung und zeigen ihnen ganz genau, was sie zum Leben brauchen, was ihnen guttut und was nicht. Dabei unterliegen Gefühle auch immer wieder diversen Schwankungen, die wiederum von zahlreichen inneren und äußeren Faktoren abhängig sind und sich damit auch nicht immer unmittelbar beeinflussen oder steuern lassen. Deshalb erscheint es auch »normal«, sich (zumindest im Privaten) ab und zu von seinen Gefühlen mitreißen und treiben zu lassen, hin und wieder einmal bewusst die »Kontrolle« zu verlieren, um dann (schnell) wieder nach außen hin in den »Funktionsmodus« zurückzukehren, gesellschaftsfähig zu bleiben und in der Masse nicht aufzufallen.

Bei autistischen Kindern dagegen erscheinen diese Stimmungsschwankungen oder auch Gefühlsausbrüche im Alltag häufig völlig unerwartet, unkontrolliert und extrem und damit von außen als Eltern oder Bezugspersonen kaum steuerbar. Autistische Kinder handeln erfahrungsgemäß in vielen Alltagssituationen oft rein affektgesteuert, (scheinbar) automatisiert und von plötzlichen Impulsen geleitet, was sie selbst, aber auch das betreffende Umfeld, häufig überfordert, ängstigt und hilflos macht. Typisch sind dabei beispielsweise Ausbrüche von Jähzorn, plötzlich aggressives Verhalten, unerkläriches Gelächter oder ebenso unerkläriche Tränen und tiefe Trauer. In Situationen hingegen, in denen ihre Eltern bestimmte Gefühle, wie etwa Mitleid, erwarten, bleiben diese aus, so dass das Kind kaum adäquat auf die Gefühle anderer zu reagieren vermag (Schuster, 2020).

In diesen aufgeladenen Situationen steigt automatisch auch der Leidensdruck aller Beteiligten und es scheint keinen (unmittelbaren) Ausweg zu geben, als diese für den Moment auszuhalten und gemeinsam zu hoffen, dass sie schnell vorübergeht bzw. sich die Lage wieder stabilisiert.

Gerade in unstrukturierten, unsicheren und stressigen Zeiten können diese Stimmungsschwankungen bei autistischen Kindern vermehrt auftreten oder drohen gar sich zu chronifizieren. Dies ist auch für die Kinder selbst enorm anstrengend und verbraucht notwendige Energiereserven, die ihnen dann für den »Funktionsmodus« an anderer Stelle schlichtweg nicht mehr zur Verfügung stehen. Hat sich die Stimmungslage des autistischen Kindes wieder annähernd stabilisiert, treten häufig Trauer, Ängste, Selbstzweifel und Scham in den Vordergrund, aufgrund des eigenen (wiederkehrenden) Kontrollverlusts, der enttäuschten und verletzten Gesichter um es herum, der anhaltenden Kritik und der (empfundenen) Demütigungen, des fehlenden (Selbst-)Verständnisses oder Erklärungsmodells, wie es hierzu letztlich kommen konnte.

Von »himmelhochjauchzend« bis »zu Tode betrübt« innerhalb weniger Minuten und mehrfach am Tag – alles erscheint dabei möglich und verdeutlicht auch, wie herausfordernd es für alle Beteiligten ist, dies dauerhaft auszuhalten, immer wieder angemessen darauf zu reagieren und letztlich als Eltern die Fassung zu bewahren, ohne selbst dabei »durchzudrehen«. Bewahren Eltern in diesen Zeiten nämlich keine Ruhe und verlieren selbst die Kontrolle, verlieren ihre Kinder am Ende des Tages auch ihr (familiäres) Sicherheitsnetz und damit (noch mehr) den Boden unter den Füßen, was den Leidensdruck für alle Beteiligten weiter ansteigen lässt.

Völlig unkalkulierbar erscheint nach Schuster (2020) in diesem Kontext auch das Angstempfinden eines autistischen Kindes zu sein. So können häufig harmlose Alltagserscheinungen große Ängste auslösen. Dagegen vermögen sie jedoch angesichts realer Gefahren, wie beispielsweise einer stark befahrenen Straße, scheinbar keinerlei Furcht zu verspüren.

Hinzu kommt das zusätzliche Leiden des autistischen Kindes beispielsweise unter seiner »Andersartigkeit«, der eigenen Wahrnehmung, der mangelnden Akzeptanz und Toleranz der eigenen Person, der ständigen Rechtfertigung des eigenen Handelns, den ausbleibenden Freundschaften oder den vorhandenen Defiziten, welches in den unterschiedlichen Lebensphasen immer wieder verstärkt auftreten und für das gesamte Familiensystem durchaus zu dauerhaften Herausforderung werden kann. Denn auch der anhaltende Blick und immer wieder Hinweise auf die vorhandenen Ressourcen des Kindes reduzieren dessen Leidensdruck nur selten merklich, was gerade für die betroffenen Eltern manchmal sehr schmerzlich und kaum auszuhalten ist.

Das tiefe Tal der Tränen

Mit zunehmendem Alter machen viele autistische Kinder immer wieder die Erfahrung, dass sie »anders« sind und beispielsweise in zahlreichen Alltagssituationen mit Gleichaltrigen (vermeintlich) nicht mitzuhalten vermögen, was für sie und ihre Familien wiederum sehr aufreibend und frustrierend sein kann. Dennoch bringen sie in diesem Kontext auch zeitweise von sich aus den Willen und die Motivation auf, an ihren »Defiziten« zu arbeiten und unterwerfen sich nicht selten einem knallharten Training, um diese möglichst zeitnah zu überwinden oder zumindest auszugleichen. Dabei setzen sich autistische Kinder häufig jedoch unrealistische Ziele, so dass die Hürden, die sie hierzu überwinden müssen, schlichtweg zu hoch erscheinen und ihr persönliches Scheitern damit vorprogrammiert ist. Versuchen Eltern hier entsprechend frühzeitig zu intervenieren und das gewünschte Ziel beispielsweise »anzupassen« oder in kleine Teilschritte zu unterteilen, finden sie dabei bei ihren autistischen Kindern nur selten Gehör, da für diese nur das »Endergebnis« zählt, von dem sie sich häufig auch nicht abbringen lassen wollen.

Gelingen die erwünschten Schritte dann jedoch nicht wie erhofft, steht ihr persönlicher Perfektionismus im Weg und bleiben die Erfolge schlichtweg aus, verfällt das autistische Kind nicht selten in eine kognitive und emotionale Dauerschleife, die teilweise auch zwanghaft wirken kann und aus der es von allein häufig nicht auszusteigen vermag. Für das familiäre Umfeld sind diese Momente in der Regel kaum auszuhalten, zumal sie die tiefe Trauer, Sehnsucht und Verzweiflung des autistischen Kindes spüren, ihm/ihr jedoch nicht wirklich helfen können. Jeglicher Versuch, ihm/ihr die Hand zu reichen, um dem tiefen »Tal der Tränen« zu entkommen, scheint jedoch zum Scheitern verurteilt und kann letzlich dazu führen, dass Eltern ihr Kind (unwillentlich) noch mehr überfordern und die tiefe Trauer in Wut und Frustration, schlimmstenfalls noch in einen Meltdown (▶ Kap. 1.2.2) umschlagen, so dass sie wiederum als »Prellbock« oder »Blitzableiter« (▶ Kap. 1.2.13) herhalten müssen, um die unkontrollierbaren Emotionen des autistischen Kindes zu kompensieren oder abzuleiten.

Dabei müssen Eltern häufig erkennen und akzeptieren, dass sich das autistische Kind durch seine Verzweiflung und sein Hadern jeglicher Fortschritte beraubt und sich selbst in seiner Entwicklung blockiert bzw. behindert, so dass letztlich dessen innerlich empfundener Abstand zu den Gleichaltrigen und damit das vermeintliche Defizit des autistischen Kindes scheinbar bis ins unermessliche anwachsen können. Jedes noch so kleine Scheitern des autistischen Kindes kann in diesen Zeiten folglich dazu führen, dass es erneut von seinen tief verankerten Selbstzweifeln und dem eigenen Leid »getriggert« oder überflutet wird und die Dauerschleife des Verzweifelns von Neuem beginnt, ohne dass das (familiäre) Umfeld dies aufzuhalten, abzumildern oder gar zu verhindern vermag. Diese Macht- und Hilflosigkeit gegenüber dem Scheitern des eigenen Kindes auszuhalten und zu akzeptieren, ohne das Kind davor schützen zu können, kostet auf Dauer zahlreiche Ressourcen und erscheint für viele Familienmitglieder eine unüberwindbare Herausforderung, die sie im Alltag schlichtweg an ihre Belastungsgrenze bringen kann.

Reichen Eltern oder Geschwisterkinder jedoch (wiederholt) unterstützend die Hand oder versuchen das autistische Kind in den jeweiligen Übungssituationen anzuleiten oder zu motivieren, findet dies auf dessen Seite oftmals wenig Gehör und endet wiederholt– aufgrund dessen häufig sehr gering ausgeprägten Frustrationstoleranz – in einem handfesten Konflikt, der dem autistischen Kind wiederum dazu dient, dem angesammelten Frust entsprechend Luft zu machen und Raum zu geben.

Hinzu kommt, dass sich die tiefe Trauer und Verzweiflung des autistischen Kindes ob der eigens empfundenen Defizite auf ihr Umfeld dauerhaft wie ein »schwarzes Loch« auswirken kann, welches alles um sich herum in den (emotionalen) Abgrund zu reißen und dem Gegenüber auch einen kurzen Einblick in dessen chaotische (Gefühls-)Welt zu eröffnen vermag, was für viele wiederum kaum auszuhalten scheint. Eltern autistischer Kinder gehen in diesen Phasen nicht selten aus Eigenschutz vermehrt auf Distanz, um ihre eigene Gefühlswelt zu regulieren und möglichst stabil zu erhalten, was auf Außenstehende wiederum jedoch kalt, empathie- oder gar teilnahmslos wirken kann. Am Ende des Tages fehlen Eltern jedoch schlichtweg die Ressourcen ihr autistisches Kind liebevoll, tröstend oder gar aufmunternd in die Arme zu nehmen und ihm authentisch zu vermitteln, dass es »alles schaffen kann, wenn es nur daran glaubt«, da sie insgeheim wissen, dass der Entwicklung ihrer Kinder in der Realität mitunter durchaus Grenzen gesetzt sind.

1.2.4 Nähe und Distanz

Autistische Menschen haben häufig aufgrund ihrer individuellen Beeinträchtigungen Schwierigkeiten dauerhaft die (richtige) Balance aus Nähe und Distanz zu finden, was im Alltag bei ihren Mitmenschen immer wieder zu Irritationen und Missverständnissen führen und für alle Beteiligten – besonders innerfamiliär – auch zu einer echten Herausforderung oder Belastungsprobe werden kann.

So gibt es autistische Kinder, bei denen der Abstand zwischen ihnen und ihren Mitmenschen zeitweise (scheinbar) nicht groß genug sein kann oder die zumindest nur bestimmte Personen, wie beispielsweise die Eltern, in ihrem näheren Umfeld zulassen (können). (Körperliche) Nähe oder auch zufällige (unkontrollierbare) Berührungen scheinen für diese Kinder nicht lange oder phasenweise auch gar nicht auszuhalten zu sein. Lange intensive Kuschel- oder gar Spielzeiten sind damit schlichtweg Tabu und werden notfalls nach kürzester Zeit mit deutlichem Protest oder entsprechendem Verhalten quittiert. Am glücklichsten und zufriedensten erscheinen diese Kinder, wenn sie sich z. B. allein und ungestört mit dem Lieblingsspielzeug, einem Grashalm oder auch mit sich selbst beschäftigen. In diesen intensiven Momenten scheinen sie in ihrer eigenen Welt zu sein und kein anderes Individuum um sie herum zu benötigen – immer wieder sehr zum Leidwesen der Mitmenschen, die gerne an deren Leben teilhaben möchten.

Auch Gleichaltrige erscheinen für diese Kinder (phasenweise) wenig interessant zu sein. Ganz im Gegenteil vermögen diese für sie eine Gefahr darzustellen, wenn sie ihnen z. B. ungefragt zu nahekommen oder ihnen das heißgeliebte Spielzeug wegnehmen. Ferner können sie für diese auch als »Objekte« fungieren, die man (scheinbar) bei Bedarf oder im Störfall »zur Seite räumt«, um den eigenen Bedürfnissen nachzugehen, was im Alltag auch immer wieder zu Missverständnissen und Konflikten führen kann.

Das geschilderte »Distanzverhalten« des autistischen Kindes kann sich im Laufe seiner Entwicklung jedoch verändern, so dass auch diese Kinder mit der Zeit durchaus Interesse an ihren Mitmenschen entfalten und sich auch nach Freundschaften sehnen (▶ Kap. 1.2.12). So können Erwachsene bei diesen Kindern zu Beginn vor allem dann zeitweise deren Aufmerksamkeit wecken, wenn sie sich (ausnahmslos) mit den Themen und den Interessen des Kindes beschäftigen oder sich zumindest mit ihm darüber (intellektuell) auseinandersetzen, was jedoch auf die Dauer auch sehr anstrengend sein kann. Andere (jüngere) Kinder hingegen können zunehmend an Bedeutung oder Interesse gewinnen, sofern sie sich zunächst im Kontakt vollkommen auf das autistische Kind einlassen und beispielsweise im Spiel den ihnen zugewiesenen Platz beibehalten. Autistischen Kindern fehlen damit zu diesem Zeitpunkt häufig (noch) die dazu notwendigen sozialen Handlungskompetenzen einer adäquaten Kontaktaufnahme/gestaltung.

> Mit Übergang vom Kindergarten in die Schule wurde unser, vorher eher distanzierter, Sohn, zunehmend »Tatschi«, indem er alle Mitmenschen (scheinbar beiläufig im Vorübergehen) - je nach Stresslevel mehr oder weniger fest - unvermittelt anfasste oder auch »antatschte«, was bei seinen Mitschüler/innen und Lehrer/innen wiederum zu Ablehnung oder zumindest bestenfalls zu Irritationen führte. Dennoch war es damals seine Form oder sein Versuch der Kontaktaufnahme oder der Annäherung. Auch schien er dadurch Orientierung und Halt für sich zu suchen und zu finden, um in dieser chaotischen (Schul-)Welt zurecht zu kommen. Je höher das Funktionslevel und damit seine Kompensation, desto häufiger und desto mehr Mitmenschen musste er berühren, um sich selbst nicht zu verlieren und zu erfahren, wo sein »Ich« endete und das »Du« begann. Für seine Mitmenschen war dies auf Dauer sehr anstrengend und nervig, zumal sie sich dieses absurde und teilweise auch zwanghaft wirkende Verhalten nicht erklären konnten und ihn auch ein klares »Stopp« (scheinbar) nicht davon abhalten konnte, diesem Bedürfnis nachzugehen.
>
> Inzwischen hat sich unser Sohn den gesellschaftlichen Konventionen soweit angepasst, so dass er nach außen hin meist eher auf (höfliche) Distanz geht und dieses scheinbar völlig distanzlose Verhalten meist nur noch bei Menschen anwendet, die ihm sehr nahe sind und denen er bedingungslos vertraut. Dabei sind die Familie und damit häufig ich als Mutter sein »Fixstern« und seine »Tankstelle« und dürfen/müssen im Alltag für alle »motorischen Rückversicherungen« unseres autistischen Sohnes herhalten.

Für viele autistische Kinder kann damit die Bindung zu den engsten Familienangehörigen, also den Eltern und Geschwistern, sehr intensiv werden, so dass sie gerade innerhalb der Familie ein verstärktes Bedürfnis nach Nähe entwickeln. Auch zu den Großeltern oder einer anderen im Umfeld des Kindes wichtigen Person sind enge Beziehungen möglich (Schuster, 2020).

An ein adäquates oder auch ausgewogenes Nähe-Distanz-Verhältnis ist dabei jedoch meist nicht zu denken. Je größer der Stress des autistischen Kindes, desto enger scheint es auch an seine Bezugspersonen gebunden und die enge (körperliche) Verbindung zu benötigen. Dies kann manchmal sogar so weit gehen, dass z. B. eine Mutter phasenweise das Gefühl bekommt, das Kind möchte »in den Mutterleib zurückkriechen«, um dort Schutz vor der chaotischen Außenwelt zu suchen. Diese Form der Nähe ist wiederum auf Elternseite dauerhaft kaum auszuhalten, so dass Eltern im Alltag hin und wieder das Gefühl haben, von ihrem Kind erdrückt oder auch regelrecht ausgesaugt zu werden, ihnen die Luft zum Atmen oder schlichtweg die Energie zur Alltagsbewältigung fehlen und sie dringend Distanz benötigen.

Am Ende ist dies für die betroffenen Eltern jedoch immer ein Teufelskreis: Je mehr Distanz sie in diesen herausfordernden und belastenden Zeiten einfordern und je klarer sie die Grenzen setzen, desto größer und unerträglicher erscheint der Leidensdruck und die Angst des autistischen Kindes zu werden, so dass es infolgedessen noch mehr Nähe sucht und (scheinbar) nicht eher zur Ruhe kommen kann, bis es diesen (familiären) Schutzraum wiedererlangt. Hinzu kommt, dass der individuelle Umgang oder auch Kampf mit dieser (unsichtbaren) Herausforderung in der Öffentlichkeit immer wieder auch für Irritationen, Unverständnis, Kritik und/ oder auch Kopfschütteln sorgt und die betroffenen Eltern damit erneut in Erklärungsnöte bringt. In diesen Momenten offen auf sie zuzugehen, nachzufragen und Hilfe anzubieten, mit ihnen zu sprechen und nicht nur über sie zu urteilen, könnte Eltern durchaus helfen, um aus diesem Teufelskreis für einen kurzen Augenblick aussteigen zu können (▶ Kap. 4.2).

Folglich benötigt es sicherlich auf Elternseite eine gute Selbstfürsorge mit regelmäßigen Auszeiten und Rückzugsmöglichkeiten, um die tägliche Herausforderung aus Nähe und Distanz zum eigenen Kind dauerhaft gut zu bewältigen und ihren autistischen Kindern letztlich den notwendigen Schutz und auch einen sozialen Lernraum zu ermöglichen, in dem sie sich ausprobieren und weiterentwickeln können.

Abschließend bleibt noch festzuhalten, dass ein autistisches Kind für viele Verwandte und Bekannte häufig auch unerreichbar bleibt, da sie nicht genug Zeit mit ihm verbringen oder nicht die nötige Toleranz und Akzeptanz zeigen bzw. das entsprechende Verständnis für dessen Verhaltensbesonderheiten aufbringen, um in dessen Welt vorzudringen und eine engere Bindung zu ihm aufzubauen (Schuster, 2020). Dabei kann es im gegenseitigen Kontakt häufiger zu Missverständnissen kommen, wenn diese beispielsweise das Kind nicht richtig einschätzen können und infolgedessen vorschnell verurteilen, maßregeln oder kritisieren. So mögen sie sich z. B. ärgern, wenn sich das Kind nicht sichtbar über Geschenke oder Zuwendungen freut und (scheinbar) weder Anteil noch Interesse an ihren Erlebnissen zeigt. Auch dieser Aspekt wird jedoch meist wiederum den Eltern angelastet, die ihr Kind vermeintlich überbehüten, den Kontakt zu ihrem Kind (bewusst) unterbinden oder schlichtweg nicht loslassen können.

1.2.5 Personelle Fixierung

Neben den Schwierigkeiten autistischer Menschen eine angemessene Nähe und Distanz zu ihren Mitmenschen aufzubauen und aufrechtzuerhalten (▶ Kap. 1.2.4), besteht im Alltag vieler autistischer Kinder häufig auch eine dauerhafte Fixierung auf eine Bezugsperson, die vor allem in Krisen- und Stresssituationen vermehrt auftritt und offensichtlich wird. Dieser Umstand scheint dem Kind wiederum die nötige Sicherheit und Orientierung im Alltag zu geben, die es für dessen Bewältigung benötigt, und dient ihm damit als »Leuchtturm in stürmischer See«.

So erscheint das autistische Kind gerade in Krisenzeiten gar nicht in der Lage zu sein sich zeitgleich auf unterschiedliche Bezugspersonen einzulassen und damit sein ganzes Vertrauen und seine Hilflosigkeit in die Hände und die Verantwortung mehrerer Personen zu legen. Selbst wenn das Regelsystem und die Absprachen unter allen Beteiligten klar und eindeutig erscheinen, sind die Herangehensweisen und Handlungen verschiedener Personen immer auch geprägt durch deren individuelle Persönlichkeiten und Charaktere. Für das autistische Kind erscheint jedoch dieser Aspekt zeitweise völlig überfordernd und kaum auszuhalten zu sein, so dass es sich im Gegenzug zum Selbstschutz auf eine einzige Bezugsperson konzentriert/fixiert. Mehrere Leuchttürme bedeuten damit für das Kind immer auch unterschiedliche Richtungen (Ideen), andere Wege (Herangehensweisen), verschiedene Lichtintensitäten (Hilfestellungen), auch wenn sie am Ende alle den gleichen Hafen (Ziel) ansteuern wollen.

Wenn sich das autistische Kind jedoch mit all seinen Anliegen, Bedürfnissen, Ängsten, Sorgen und Besonderheiten innerfamiliär ausschließlich an einen Elternteil wendet und der verbliebene Elternteil dabei – trotz mehrfacher Angebote an das Kind – scheinbar außen vor bleibt, kann dies für alle Familienmitglieder dauerhaft zu einer großen und unüberwindbaren Belastung werden.

Demzufolge scheint für das autistische Kind phasenweise ohne Anwesenheit und Aufmerksamkeit des auserwählten Elternteils nichts zu funktionieren, zu gelingen oder auch möglich zu sein. Es wirkt in diesen Zeiten nach außen geradezu verloren und orientierungslos, vermag dabei jedoch Hilfestellungen von Dritten – insbesondere auch von anderen Familienmitgliedern – nicht anzunehmen. Gerade in herausfordernden Zeiten fällt es betroffenen Elternteilen deshalb umso schwerer, sich von den Anliegen und Bedürfnissen des autistischen Kindes adäquat abzugrenzen, da sie gleichzeitig gegen ihre eigenen Ambivalenzen und Erziehungsprinzipien ankämpfen müssen. So sehen und spüren sie auf der einen Seite dessen enormen Leidensdruck, erkennen infolgedessen durchaus die Notwendigkeit ihrer Anwesenheit und Hilfestellung und zeigen damit in begrenztem Maße auch Verständnis für dessen Fixierung. Auf der anderen Seite fühlen sie sich in diesen Situationen selbst völlig überfordert und ohnmächtig, stoßen dabei kontinuierlich an ihre Belastungsgrenzen, schreien innerlich und äußerlich nach einer Pause, nach Selbstbestimmung und Unterstützung von außen, die das autistische Kind zu diesem Zeitpunkt jedoch scheinbar nicht anzunehmen vermag. Ihnen verbleibt in diesen Situationen damit lediglich die Wahl zwischen »Pest und Cholera«:

- Grenzen sie sich von den Anliegen und Bedürfnissen ihres autistischen Kindes vehement ab und gönnen sich beispielsweise eine Auszeit, geht dies in der Regel auf Kosten individueller Ressourcen, familiärer Stabilität und erhöht auf Seiten des autistischen Kindes den Leidensdruck, da es in den Phasen der personellen Fixierung die Notwendigkeit – trotz zahlreicher Erklärungsversuche – nicht erkennen oder verstehen kann.
- Unterdrücken sie im Gegenzug dazu ihre eigenen Bedürfnisse, stehen sie dem autistischen Kind im Alltag weiterhin bedingungslos zur Verfügung und lassen damit zu, dass es scheinbar keine Minute von ihrer Seite weicht, werden sie irgendwann unter der Last unweigerlich zusammenbrechen und stehen dem Kind damit dauerhaft auch nicht mehr als Leuchtturm zur Verfügung.

Dieses Dilemma kann auf Seiten des fixierten Elternteils sicherlich auch zu vermehrtem Frust und auch Aggressionen führen, die sich schlimmstenfalls gegen das herausfordernde Kind richten und letztlich das Familiensystem zunehmend destabilisieren können.

Daneben kann die Situation auch für den anderen Elternteil durchaus herausfordernd und belastend sein. Während er/sie mitunter förmlich dabei zusehen muss, wie ihr/e Partner/in unter der Last der Herausforderung sukzessive zu zerbrechen droht, vermag er/sie selbst kaum zu intervenieren und zu unterstützen, da das autistische Kind diese Versuche wiederholt abwehrt. Infolgedessen ist es für Eltern auch immer wieder eine große Herausforderung, die bestehenden Belastungen und Anforderungen des Alltags gleichmäßig auf mehreren Schultern zu verteilen, gerade dann, wenn das Kind sich ausschließlich auf die Hilfestellung einer einzigen Person fixiert, von der es im Familienalltag auch scheinbar nicht ablassen kann.

Parallel dazu kämpft der verbliebene Elternteil insgeheim selbst oftmals um die Aufmerksamkeit, die Gunst und die Liebe seines autistischen Kindes und möchte von diesem auch in seiner/ihrer Elternrolle ernst genommen und in den zahlreichen Bemühungen um dessen Wohlergehen wertgeschätzt, akzeptiert und auch angenommen werden. Die unverfälschte Ehrlichkeit des Kindes, welche sich mitunter auch in entsprechenden Kommentaren und Äußerungen über die empfundenen Erziehungskompetenzen der einzelnen Elternteile zeigen kann, sind darüber hinaus schwer auszuhalten und können auf Elternseite zunehmend zu Unzufriedenheit, Selbstzweifeln und dem kontinuierlichen in Frage stellen der eigenen Elternrolle führen, was dann wiederum auch die gewünschte »Leuchtturmfunktion« in weite Ferne rücken lässt. Auch von dem autistischen Kind phasenweise scheinbar lediglich als Objekt, Prellbock, Dienstleister/in oder »2. Wahl« angesehen zu werden, geht sicherlich nicht spurlos an der betroffenen Person vorüber und muss deshalb von dieser auch adäquat verarbeitet werden, um die Eltern-Kind-Beziehung nicht nachhaltig zu gefährden.

Auch für etwaige Geschwisterkinder ist dieser Aspekt im Familienalltag sehr prägend. Während sie selbst immer wieder Rücksicht auf die Bedürfnisse ihres autistischen Geschwisters nehmen müssen, kämpfen auch sie verständlicherweise um die Gunst, Aufmerksamkeit und die Liebe des fixierten Elternteils, der dann jedoch im Alltag häufig keinerlei Ressourcen mehr aufwenden kann, um sich auch noch den Bedürfnissen und Anliegen des Geschwisterkindes adäquat zu widmen. Schuldgefühle und Gewissensbisse auf Seiten des betreffenden Elternteils sind dabei nicht selten die Folge, da er/sie gleichwohl insgeheim weiß, dass das Geschwisterkind grundsätzlich das gleiche Anrecht auf die Fürsorge und Pflege hat, man diese jedoch dauerhaft nicht zu leisten vermag (▶ Kap. 2).

Diesen Negativ-Kreislauf zu durchbrechen und ihm erfolgreich entgegenzuwirken, erscheint betroffenen Eltern phasenweise – nicht zuletzt mangels eigener Ressourcen – kaum möglich, da jeder Versuch im Endeffekt auch zu einer Destabilisierung des Familiensystems führt. Dies hat in der Regel wiederum zur Folge, dass sich das autistische Kind (innerfamiliär) noch herausfordernder verhält, so dass den Eltern am Ende häufig nichts anderes übrigbleibt, als zu alten (dys-)funktionalen Mustern zurückzukehren, um zumindest vorübergehend wieder annähernd Ruhe einkehren zu lassen und für Stabilität zu sorgen, auch wenn sie letztlich wissen, dass sich dies auf alle Familienmitglieder dauerhaft eher kontraproduktiv auswirkt. Allen Beteiligten verbleibt in dieser Phase letztlich nur Ruhe zu bewahren, die Zähne zusammenzubeißen, möglichst unbeschadet durchzuhalten und zeitnah auf bessere Zeiten zu hoffen.

Während somit alle Familienmitglieder still unter der Fixierung des autistischen Kindes leiden und die Familie phasenweise nur noch zu funktionieren scheint, sehen sie sich zusätzlich mit negativen Kommentaren und guten »Rat-Schlägen« Außenstehender konfrontiert, die das Leid aller nur noch unerträglicher erscheinen lassen (▶ Kap. 3.1.1):

- *»Du solltest Dich ein wenig mehr zurücknehmen und auch mal dem Vater eine Chance geben, sich um das Kind zu kümmern.«*
- *»Die Mutter sollte endlich mal Verantwortung übernehmen und ihrer Elternrolle gerecht werden. Es kann doch nicht sein, dass der Vater alleine für das Kind zuständig ist.«*
- *»Du hast nur noch Augen für das autistische Kind. Schau auch mal nach den Geschwisterkindern, die kommen bei Dir viel zu kurz und fühlen sich sicherlich vernachlässigt.«*
- *»Ist ja kein Wunder, dass das bei Euch nicht funktioniert. So wie ihr das in der Familie handhabt ist Euer Unglück doch selbstgemacht. Du musst Dich von Deinem Kind besser abgrenzen.«*

Auch außerfamiliär scheint sich das Kind immer wieder klare Ankerpunkte zu suchen, indem es sich auf feste Bezugspersonen – sowohl Erwachsene als auch Kinder – ungefragt und meist auch unbewusst fixiert. Hier sind Eltern gleichwohl gefordert ihr autistisches Kind darauf aufmerksam zu machen, es im Kontakt entsprechend anzuleiten und phasenweise auch auszubremsen, indem sie beispielsweise andere Bezugspersonen ins Spiel bringen, um die Gunst seines/r Auserwählten nicht dauerhaft zu gefährden und das Gegenüber nicht zu überfordern oder gar zu verprellen. Personelle Fixierungen stellen damit nicht nur eine große Herausforderung für die Betroffenen dar, sondern können Beziehung nachhaltig negativ beeinflussen und schlimmstenfalls in einen dauerhaften Kontaktabbruch münden. Dies kann sich wiederum destabilisierend auf das autistische Kind auswirken, welches sich die Zusammenhänge meist nicht zu erklären vermag und damit auch nicht versteht, was es gegebenenfalls falsch gemacht hat und zukünftig verändern kann.

1.2.6 Kommunikation

Die diagnostisch bedingten Autismus-spezifischen Besonderheiten in der Informations- und Reizverarbeitung autistischer Menschen wirkt sich insbesondere auch auf deren Art der Kommunikation aus, weshalb dieser Aspekt bei der Darstellung familiärer Herausforderungen sicherlich nicht fehlen darf. Eine gelingende Eltern-Kind-Kommunikation stellt dabei grundsätzlich einen zentralen Baustein für eine gesunde Entwicklung und Förderung des betreffenden Kindes dar, der sich auch unmittelbar auf die (innerfamiliäre) Beziehungsgestaltung nachhaltig auswirkt.

Neben den bereits dargestellten (Verhaltens-)Besonderheiten bietet gerade die Kommunikation mit dem autistischen Kind für Eltern und Geschwisterkinder im Familienalltag zahlreiche Stolperfallen, die sich letztlich nur gemeinsam überwinden lassen. Die Bandbreite sprachlicher Besonderheiten reicht hierbei unter anderem von äußerst eloquentem Sprachgebrauch über individuelle Sprachmuster/-besonderheiten und Neologismen (Wortneuschöpfungen) zu eingeschränktem Sprachverständnis bis hin zu nonverbalen Kommunikationsformen, wobei allesamt wiederum einen individuellen Umgang einfordern und spezifische (familiäre) Herausforderungen mit sich bringen.

So gehört beispielsweise unter anderem das regelmäßige Trainieren von sprachlichen Floskeln, Redewendungen, Smalltalk und sozialen Kommunikationsregeln oftmals zum Familienalltag dazu, um dem autistischen Kind das Leben und Kommunizieren außerhalb der Familie zu erleichtern oder überhaupt erst zu ermöglichen. Infolgedessen liegt es immer auch in der Verantwortung der Eltern autistischer Kinder

- sich selbst auf verschiedene Kommunikationswege und -ebenen einzulassen und damit den persönlichen Horizont zu erweitern,
- den eigenen Sprachgebrauch fortwährend kritisch zu hinterfragen und an die individuellen Besonderheiten des autistischen Kindes anzupassen,
- ihren Kindern im Bedarfsfall (neue) Wege und Möglichkeiten der Kommunikation aufzuzeigen oder zu eröffnen,
- sie stetig zu ermutigen, diese auch zu nutzen, um die eigenen Bedürfnisse und Empfindlichkeiten aktiv zu äußern und
- sich damit selbst als eigenständige Person innerhalb der Gesellschaft Gehör zu verschaffen.

Im Folgenden soll kurz auf einige ausgewählte Sprachbesonderheiten exemplarisch eingegangen und auf spezifische (innerfamiliäre) Besonderheiten Bezug genommen werden.

Sprachverständnis, Mimik und Gestik

Viele autistische Menschen haben Schwierigkeiten mit dem Sprachverständnis, was bedeutet, dass sie nur eingeschränkt in der Lage sind, Geschichten, Erklärungen, Aufforderungen oder Anweisungen zu folgen bzw. angemessen oder auch zeitnah darauf zu reagieren. Die Sätze werden dabei oftmals nicht (richtig) verstanden, obwohl das Gehör intakt ist. Hierzu zählen insbesondere auch das fehlende oder eingeschränkte Verständnis von Redewendungen, Ironie, Anspielungen und Sarkasmus sowie Schwierigkeiten beim wortwörtlichen Verstehen, völlig losgelöst von anderen Ebenen wie Logik, Körpersprache und Tonlage, was im Alltag autistischer Menschen häufig zu Missverständnissen, Irritationen und Misserfolgen im sozialen Kontakt führt.

Eltern, die es gewohnt sind in ihrem Alltag eine sehr bildhafte oder auch blumige Sprache zu verwenden, sind in diesem Kontext fortwährend dazu aufgefordert ihren Sprachgebrauch im Kontakt mit ihren autistischen Kindern kritisch zu überprüfen, entsprechend anzupassen und ihr Kommunikationsverhalten damit schlichtweg »neu« zu erlernen, um überhaupt verstanden zu werden und (kommunikative) Missverständnisse möglichst zu vermeiden. Das ständige Hinterfragen des Gesagten, das Präzisieren und gegebenenfalls auch das Korrigieren eigener Aussagen erfordert dazu noch ein hohes Maß an Selbstreflektion. Dabei scheint es für Außenstehende kaum nachvollziehbar wie anstrengend und kräftezehrend mitunter ein Gespräch mit dem autistischen Kind werden kann, wenn man sich dauerhaft darauf konzentrieren muss, möglichst klare, unmissverständliche und präzise Formulierungen zu nutzen, das eigene metaphorische oder auch ironische Gedankengut für das Kind zu übersetzen, um die Botschaft am Ende verständlich zu übermitteln.

Hinzu kommt, dass auch das Kommunizieren über Gestik und Mimik von autistischen Kindern häufig nur eingeschränkt oder gar nicht wahrgenommen oder verstanden wird, was die Situation für Eltern zusätzlich erschwert. Reicht bei dem Geschwisterkind beispielsweise ein kurzes Nicken, um Zustimmung zu demonstrieren, kann es beim autistischen Kind fortwährend eine klare, eindeutige Antwort brauchen, möglichst noch ohne Anwendung irritierender Gestiken.

Für das Umfeld sind diese Einschränkungen und die damit verbundenen Herausforderungen aller Beteiligter jedoch unsichtbar, weshalb unter anderem das (inadäquate) Verhalten oder die (irritierenden) Reaktionsweisen des autistischen Kindes auch häufig fälschlicherweise als Provokation oder Ignoranz interpretiert werden, die letztlich wiederum auf die mangelhafte

Erziehung durch die Eltern zurückgeführt wird. Erklärungen auf Elternseite finden in diesem Kontext häufig kein Gehör, da das eigene Urteil bereits feststeht.

Logorrhö

Je nach Tagesform und individuellem Stressniveau neigen einige autistische Menschen zu Logorrhö, einem nahezu ununterbrochenen und übermäßig schnellem Redefluss.

> Ist unser Sohn gestresst, überfordert oder auch überdreht neigt er dazu, ohne Punkt und Komma zu reden. Dabei sind die Themen, über die er dann spricht, häufig unwesentlich oder vernachlässigbar. Er spricht scheinbar, um des Sprechens willens, manchmal auch bis zur völligen Erschöpfung aller Beteiligten, und vermag teilweise nicht von allein damit aufzuhören. In diesen Situationen gibt es für uns Eltern oder ihn leider auch keinen ›Aus-Knopf‹, lediglich die drastische Bitte und das inständige Flehen endlich aufzuhören, da die Ohren bereits bluten...

Gerade in stressigen Situationen neigen einige autistische Menschen zum vermehrten Monologisieren. Sie scheinen Sprache dabei als Kompensation zu nutzen, um weitere Umweltreize möglichst auszuschalten bzw. sie auf Distanz zu halten und vorhandenen Stress zu reduzieren, und sind deshalb in ihrem Rededrang kaum zu unterbrechen oder zu erreichen. Dabei sind die sprachlichen Äußerungen vor allem durch inhaltliche Wiederholungen oder auch durch ständige Themenwechsel gekennzeichnet, was es für Außenstehende zusätzlich erschwert, das Gesagte nachzuvollziehen oder überhaupt dauerhaft zuzuhören.

Je nach Ausprägung und Dauer stellt dieser Aspekt für Eltern eine hohe (nervliche) Belastung dar, zumal ihnen der Nutzen und die Funktion dahinter durchaus bekannt oder bewusst sein kann, ein Aushalten jedoch dauerhaft sehr herausfordernd, wenn nicht sogar unmöglich erscheint. Ferner kann der vermehrte Rededrang und die damit verbundene mangelnde Selbstkontrolle des autistischen Kindes dazu führen, dass aufkommende Gedanken immer wieder auch unmittelbar ausgesprochen oder kundgetan werden (müssen), aus Angst vor deren Bedeutungsverlust oder diese eventuell zu vergessen. Die Bitte um kurzen Aufschub und der Hinweis auf soziale Regeln der Kommunikation finden in diesen Situationen – je nach Stresslevel des autistischen Kindes – selten Gehör und erhöhen noch zusätzlich dessen Druck mit seinen/ihren (kommunikativen) Bedürfnissen unmittelbar wahrgenommen zu werden.

Dies gilt unter anderem auch für Fragen des autistischen Kindes, die aus seiner Sicht einer direkten Beantwortung bedürfen und deshalb nicht länger warten oder aufgeschoben werden können. In diesem Zusammenhang kommt es z. B. während Telefonaten, in Gesprächen zwischen Elternteilen oder Eltern und Geschwisterkindern häufiger zu Unterbrechungen, Störungen und Irritationen, was auf Dauer innerhalb der Familie Ärger und Frust hervorrufen und damit zu einer großen Herausforderung werden kann. Schlimmstenfalls finden Familiengespräche oder auch Telefonate dann nur noch ohne Beisein des autistischen Kindes statt, um diese in Ruhe und ohne (unnötige) Störungen führen zu können.

Sprachliche Eloquenz

Einige autistische Kinder fallen mitunter durch einen sehr ausgewählten, eloquenten, altersuntypischen Sprachgebrauch auf, was erwachsenen Personen zwar häufig imponiert, jedoch den Kontakt zu Gleichaltrigen möglicherweise erheblich erschwert. Das autistische Kind kann somit – gerade auch im Hinblick auf seine Spezialinteressen – ein beeindruckendes Vokabular oder auch Faktenwissen vorweisen (»kleiner Professor«) und mitunter andere mit einem gut einstudierten Monolog unterhalten, welcher (scheinbar) erst beendet werden kann, wenn der Text fertig aufgesagt ist.

In diesem Kontext kann die Sprache des autistischen Kindes aber auch als sehr pedantisch oder rechthaberisch wahrgenommen werden. Dies bedeutet, dass beispielsweise zu viele Informationen, Regeln oder Details gegeben, die Äußerungen des Gegenübers ständig korrigiert oder auch besonders formelle Satzkonstruktionen gewählt werden, was eine gelingende Kommunikation erheblich erschwert und für alle Beteiligten auf die Dauer im Kontakt sehr anstrengend sein kann.

Die Tatsache, eloquent sprechen zu können, bedeutet jedoch nicht, dass das autistische Kind automatisch auch richtig verstanden wird oder es ausdrücken kann, was es braucht oder was es gerade beschäftigt. Problematisch ist weiterhin, dass häufig vom Sprachgebrauch auch auf die Alltagskompetenz des autistischen Kindes geschlossen wird, die Kinder damit von Außenstehenden als sehr intelligent und weit entwickelt eingeschätzt werden und damit auch die Anforderungen und Erwartungen an sie und ihr Verhalten entsprechend steigen. Ihre allgemeine Leistungsfähigkeit wird dabei häufig völlig überschätzt, ihr meist vorhandenes inhomogenes

Kompetenzprofil somit übersehen, was nicht selten durch die angesetzten Maßstäbe an das autistische Kind zur restlosen Überforderung führt.

So kann es beispielsweise sein, dass sich das autistische Kind bei seinen eigenen Antworten in sehr komplexen Satzkonstruktionen ausdrückt und sein Umfeld damit teils überfordert, im Gegenzug dazu jedoch selbst keine komplexeren Anweisungen verstehen oder verarbeiten kann. Das Ausbleiben der erwarteten Reaktion des Kindes oder auch sein situatives Scheitern wird dann wiederum vom Umfeld häufig als Provokation, Faulheit oder auch mangelnde Leistungsbereitschaft interpretiert. Die eigenen hohen Ansprüche werden dagegen nicht nochmals hinterfragt.

Eltern sind in diesem Kontext damit im Alltag immer wieder gefordert, ihre Erwartungen und Ansprüche an das autistische Kind kritisch zu überprüfen, an das jeweilige Leistungsniveau und die Tagesform des Kindes anzupassen und dies auch nach außen hin – entgegen allen Widersprüchen und Kritiken – zum Wohle ihres Kindes durchzusetzen und zu vertreten. Auf Verständnis und Einsicht brauchen sie dabei selten zu hoffen, weil sich die Überforderung des Kindes häufig nur innerfamiliär zeigt und damit vom Umfeld selten wahrgenommen oder verstanden wird. Ganz im Gegenteil sehen sich Eltern häufig mit Vorwürfen konfrontiert, die Entwicklung ihres Kindes auszubremsen oder zu blockieren und geraten dadurch wieder in Rechtfertigungs- und Erklärungsnöte.

Nonverbale Kommunikation

Einige Kinder im Autismus-Spektrum finden erst sehr spät oder auch gar keinen Weg in die Verbalsprache und nutzen zum Beispiel die Gebärdensprache, Bildkarten oder andere technische Hilfsmittel, wie einen Talker, um sich entsprechend mitzuteilen, Bedürfnisse, Freude, Wünsche, Ängste, Sorgen, Pläne und Gefühle zu artikulieren und mit ihrem Umfeld in Kontakt zu treten.

Um gerade diesen Kindern eine gelingende Kommunikation zu ermöglichen, sind Eltern hier mehr denn je gefordert mit einer gewissen Offenheit und Neugier an die Thematik heranzugehen, neue Wege der (nonverbalen) Kommunikation zu ergründen, auszuprobieren und zu erlernen und stetig die Bereitschaft zu zeigen, sich auf (ungewöhnliche) kommunikative Angebote ihrer Kinder einzulassen. Dies verlangt von allen Beteiligten viel Einfühlungsvermögen, Aufmerksamkeit, Kraft, Ausdauer, Geduld sowie ein hohes Maß an Frustrationstoleranz.

Das Ausbleiben der Verbalsprache wird dabei von Außenstehenden leider allzu häufig damit gleichgesetzt, dass der betroffene Mensch auch selbst keine Sprache verstehen bzw. gar nicht kommunizieren kann oder automatisch eine geistige Einschränkung innehat. Auch Menschen, die sich nicht verbal äußern, können durchaus sehr intelligent sein, Zusammenhänge verstehen und müssen keine kognitiven Einschränkungen haben, was meist vom Umfeld nicht gesehen oder berücksichtigt wird. Stattdessen werden diese Menschen häufig wie Luft behandelt, in dem z. B. in Gesprächen oder Unterstützerkreisen bei Themen, die sie selbst betreffen, trotz ihrer Anwesenheit über ihren Kopf hinweg (meist auch sehr defizitär) gesprochen wird, was für die Eltern durchaus belastend und herausfordernd sein kann.

Eltern nehmen deshalb in diesem Kontext eine zentrale Vermittler- und Beschützerrolle für ihre autistischen Kinder ein, in dem sie beispielsweise – nicht zuletzt auch aus Gründen der Wertschätzung und des Respekts gegenüber dem Kind – fortwährend darauf hinweisen oder auch beim Gegenüber einfordern, direkt mit und zu dem betroffenen Kind zu sprechen und nicht über seinen Kopf hinweg zu kommunizieren.

Darüber hinaus benötigen gerade nonverbale Kinder ihre Eltern und Geschwister fortwährend als Dolmetscher/in für Kontakte nach außen. In diesem Zusammenhang fungieren sie für Außenstehende aber nicht nur als Übersetzer/in, sondern unter anderem auch als Lehrer/in, Anleiter/in, Aufklärer/in, Mediator/in und Motivator/in, um das Umfeld in der Kommunikation mit ihrem Kind entsprechend anzuleiten und ihnen die Sprache des Kindes notfalls zu vermitteln, um das Gegenüber letztlich überhaupt in die Lage zu versetzten, aktiv mit dem Kind in Kontakt zu treten. Hinzu kommt, fortwährend die Notwendigkeit zu verdeutlichen, sich den Besonderheiten der kindlichen Kommunikation möglichst anzupassen, um Missverständnisse und Frustrationen zu vermeiden und allen ein gelingendes Miteinander zu ermöglichen.

Soziale Regeln der Kommunikation und Erklärungen

Neben den spezifischen sprachlichen Besonderheiten und Kommunikationsformen autistischer Menschen spielt auch das Erlernen der sozialen Regeln der Kommunikation im Familienalltag eine wichtige Rolle. Darunter fallen unter anderem Aspekte wie:

- Wie beginne, beende ich ein Gespräch?
- Wie führe ich ein (wechselseitiges) Gespräch?
- Wie halte ich ein Gespräch aufrecht?
- Wie zeige ich meinem Gegenüber Aufmerksamkeit und Interesse?

- Wie viele Redepausen braucht es?
- Welche Themen kann ich (nicht) ansprechen?
- Wie gestalte ich den Blickkontakt?
- Wie treffe ich den richtigen Ton (Tonlage, Lautstärke)?
- Etc.

Diese häufig unausgesprochenen Regeln werden von autistischen Kindern im Laufe ihrer Entwicklung meist nicht durch Nachahmung oder intuitiv erlernt, sondern müssen mit viel Unterstützung kognitiv erarbeitet werden und bedürfen damit im Alltag eines konsequenten Trainings und der kontinuierlichen Erklärung und Anleitung durch Eltern und Geschwisterkinder. Dabei vermögen diese Erklärungen mitunter überaus kreativ sein und Eltern bemühen sich in diesem Kontext nicht selten, die unterschiedlichen »Kanäle« ihrer autistischen Kinder zu bedienen, in der Hoffnung, dass die Botschaft zu ihnen durchdringt. Für Außenstehende ist dieser Prozess häufig unsichtbar.

Mit jedem neuen Erklärungsversuch steigt jedoch auch die Verunsicherung, die Anspannung und die Verzweiflung (auf beiden Seiten), was das Risiko des gemeinsamen Scheiterns deutlich erhöht. Darüber hinaus kosten diese zahlreichen und sich immer wiederholenden Erklärungen nicht nur Eltern und Geschwistern, sondern vor allem auch den autistischen Kindern wichtige Ressourcen, die ihnen dann an anderer Stelle nicht mehr zur Verfügung stehen. In diesen Momenten geraten nicht nur autistische Kinder selbst, sondern schlimmstenfalls auch ihre Eltern ins Wanken und können ihnen damit nicht mehr unmittelbar als »sicherer Hafen« zur Verfügung stehen, so dass die Kinder drohen, sich in ihrer Welt zu verlieren. Infolgedessen müssen Eltern im Alltag nicht nur gut für sich selbst sorgen, sondern ihren autistischen Kindern auch immer wieder die nötige Zeit geben und auch darauf achten, sie mit ihren Erklärungsversuchen nicht dauerhaft zu überfordern.

Je nach individueller Tagesform, Leistungsfähigkeit und Stresslevel des autistischen Kindes vermögen Eltern an manchen Tagen mit ihren Worten und Botschaften gar nicht zu ihm durchzudringen, scheinen schlichtweg eine andere Sprache zu sprechen und keinen Zugang zu dessen Kosmos zu erhalten. Was Eltern in diesen Momenten bleibt, ist die Akzeptanz und die anhaltende Motivation, nicht aufzugeben und es zu einem späteren Zeitpunkt erneut zu versuchen.

Wurden die sozialen Regeln im Familiensystem schließlich verstanden, bedeutet dies jedoch nicht automatisch, dass das autistische Kind jederzeit in der Lage ist, sie auch außerhalb der Familie richtig anzuwenden und sie damit zu generalisieren, so dass es auch in der Kommunikation mit anderen häufig kontinuierlich auf die Hilfestellung, Anleitung, Unterstützung und den Schutz der Eltern und Geschwisterkinder angewiesen ist. Diese dienen ihm in diesem Kontext häufig als »Übersetzer/in«, »Mutmacher/in« und Reflexionsfläche, um kommunikativen Missverständnissen im Alltag vorzubeugen und damit zu einer gelingenden Kommunikation beizutragen, zumal diese Einschränkung von Außenstehenden häufig gar nicht wahrgenommen und damit übersehen werden kann.

»Diskutiere niemals mit einem Autisten!«

> Freitagmorgen, 07:58 Uhr: »Mama, wie viel Uhr ist es?«
> Ich antworte mit Blick auf die Uhr scheinbar beiläufig: »Es ist 8 Uhr!«
> Mein Kind läuft die Treppe herunter, schaut auf die Uhr und sagt voller Entrüstung: »Stimmt gar nicht, es ist 7:58 Uhr. Warum lügst Du mich immer an?«

Viele Eltern autistischer Kinder kennen diese oder auch vergleichbare Situationen in ihrem Alltag, die sie an manchen Tagen schlichtweg verzweifeln lassen. Wie sollen Eltern darauf am besten adäquat reagieren? Ihrem Kind auf dessen Belehrung mit gleichartiger Entrüstung begegnen? Ihm/Ihr in Ruhe erklären, dass 8 Uhr in diesem Fall auch nicht falsch ist? Oder einfach über die immer wiederkehrende Situation und damit über den eigenen »Fehler« (innerlich) schmunzeln und das Kind in seinem Standpunkt bestätigen?

Die Erfahrung vieler Eltern zeigt, dass es äußerst kontraproduktiv ist, mit dem autistischen Kind in eine endlose Diskussion einzusteigen mit dem Ziel, es von dem eigenen Standpunkt überzeugen, eines Besseren belehren oder gar Recht bekommen zu wollen. Sie müssen früher oder später verstehen und/oder akzeptieren, dass es ihren Kindern, aufgrund der anderen Wahrnehmung und des anderen Blicks auf die Welt (▶ Kap. 1.2.1) autismusbedingt nur eingeschränkt oder auch gar nicht möglich erscheint, den eigenen Standpunkt zu verlassen und die Perspektive des anderen zu übernehmen. Auch die eigene Tagesform und der persönliche Stresspegel des Kindes spielen in diesem Kontext eine wichtige Rolle und können dessen Fähigkeit zum Perspektivwechsel situativ beeinflussen oder gar behindern.

Im Umkehrschluss bedeutet dies für die Eltern jedoch wiederum nicht, möglichst jegliche Form der Diskussion oder Konflikte mit dem autistischen Kind zu vermeiden oder zu umgehen. Dennoch sollte das Ziel oder die Motivation dahinter sein, dem Kind – im Sinne des sozialen Lernens – immer wieder aufzuzeigen und zu verdeutlichen, dass es in vielen Punkten kein »richtig oder falsch« gibt, sondern einfach verschiedene Perspektiven und unterschiedliche Meinungen. Dieser Lernprozess kann auf die Dauer für Eltern sehr herausfordernd und ermüdend sein, erscheint jedoch zentral, um das eigene Kind auf das Leben in der Gesellschaft vorzubereiten und an dessen Flexibilität (▶ Kap. 1.2.10) zu arbeiten. Im Unterschied zu vielen anderen Personen aus dem Umfeld des Kindes erkennen Eltern jedoch bestenfalls den Punkt, an dem die Diskussion besser beendet werden sollte, um einer Eskalation derselben vorzubeugen und am Ende beiderseits erhobenen Hauptes aus dem Gespräch hinausgehen zu können.

In anderen gesellschaftlichen Zusammenhängen, wie beispielsweise auch im schulischen Kontext, wird dieser Aspekt – trotz mehrfacher Aufklärungsversuche und (verzweifelter) Appelle der Eltern – häufig nicht verstanden oder berücksichtigt. Hier geht es dann meist darum sich als Erwachsener gegenüber einem Kind zu positionieren, sich durchzusetzen, ihm seinen eigenen Standpunkt zu verdeutlichen (oder aufzuzwingen) und sich nicht von einem Kind »belehren« oder »vorführen« zu lassen (was von dem autistischen Kind in der Regel auch gar nicht beabsichtigt ist). Dennoch scheint hier die Angst vor einem Status-, Macht-, Gesichts- oder auch Kontrollverlust zu groß, als dass man zum Wohle des Kindes die Angelegenheit stehen lassen und die Diskussion beenden kann.

Die Konsequenz, die sich aus diesem starren, unnachgiebigen Verhalten (auf beiden Seiten) ergibt, ist folgende: Es wird diskutiert und diskutiert, jedoch in der Regel ohne nennenswerten Erfolg, bis das autistische Kind schließlich durch den zunehmenden Stresspegel in einen Overload oder Meltdown (▶ Kap. 1.2.2) gerät und dadurch für das Gegenüber überhaupt nicht mehr erreichbar ist. Schlimmstenfalls zeigt das Kind in diesem Kontext noch herausforderndes Verhalten, wie z. B. schreien oder zielgerichtete Aggressionen, für die es dann im Nachgang entsprechend sanktioniert wird. Überzeugen kann der/die »Kontrahent/in« das Kind in der Regel dadurch nicht, so dass am Ende beide Seiten als Verlierer das Feld verlassen und das Kind erneut seinen »Stempel« aufgedrückt bekommt.

Eltern sind in diesen Situationen wiederum gefordert, das Kind im familiären Kontext aufzufangen, die Folgen des Overloads oder Meltdowns auszuhalten, zu ertragen und das Kind am Ende wieder »aufzupäppeln« und »gesellschaftsfähig« zu machen. Hinzu kommt die allgemeine Erwartung, sich als Eltern für das (vermeintlich) unnachgiebige und respektlose Verhalten des (unerzogenen) Kindes nachträglich zu entschuldigen, zu rechtfertigen und zu erklären, ohne dabei das Gegenüber jedoch in die Verantwortung zu nehmen.

1.2.7 Essensgewohnheiten

Viele autistische Kinder zeigen ein besonderes, stereotypes, ritualisiertes und einseitiges Essverhalten, was für die Mehrzahl der betroffenen Familien im Alltag zu einer echten Herausforderung werden kann. Das Thema Ernährung spielt deshalb gerade in Familien mit autistischen Kindern oftmals eine zentrale Rolle und vermag phasenweise den kompletten Familienalltag zu bestimmen.

Kommt es bei der Nahrungsaufnahme von Kindern zu Problemen hat dies automatisch auch immer große Auswirkungen auf das Familienleben, da beispielsweise jeder Ausflug, jeder Besuch oder auch Geburtstag bei Freund/innen oder Familienangehörigen genauestens geplant und vorbereitet, notfalls auch die Mahlzeit für das Kind im Vorfeld entsprechend zubereitet und mitgenommen werden muss, um entsprechende Eskalationen zu vermeiden. So sind Kinder im Autismus-Spektrum beispielsweise in der Nahrungsauswahl und der Anzahl an Lebensmitteln, die sie zu sich nehmen, äußerst wählerisch und eingeschränkt, wobei sich nach Schirmer (2006) bereits viele Probleme mit dem Essen oftmals schon in der Säuglingszeit zeigen. Eltern zeigen sich in diesem Kontext nicht selten um die Gesundheit ihrer Kinder äußerst besorgt und sind mitunter deshalb dazu bereit, ihren Tagesablauf gänzlich nach den Essgewohnheiten ihres autistischen Kindes auszurichten.

Ein weiterer wichtiger Aspekt in diesem Zusammenhang stellt das häufig nur eingeschränkt vorhandene Hunger-, Durst- und Sättigungsgefühl bei autistischen Kindern dar. Neben dem Kampf um eine möglichst abwechslungsreiche und ausgewogene Ernährung des Kindes, sind Eltern deshalb zudem dazu aufgefordert, ständig darauf zu achten, dass ihr Kind regelmäßig isst und trinkt bzw. es gegebenenfalls auch zu begrenzen, wenn es scheinbar kein Ende findet. Denn werden Mahlzeiten oder Speisen letztlich nach den Wünschen und exakten Vorstellungen des autistischen Kindes für alle Familienmitglieder zubereitet, so kann es durchaus vorkommen, dass am Tisch ein regelrechter Kampf ums Essen und die Portionsgrößen der Beteiligten entfacht, das autistische Kind diese dabei als »Konkurrent/innen« wahrnimmt, lediglich sein eigenes leibliches Wohl im Blick hat und infolgedessen bezüglich der Menge auch kaum zu begrenzen scheint. Hier gilt es für Eltern in erster Linie Ruhe zu bewahren, klare Regeln festzulegen, um die Gefahr einer Mangel- und Überernährung zu minimieren und letztlich gesundheitlichen Problemen vorzubeugen.

Hinzu kommt die besondere Wahrnehmungsverarbeitung autistischer Menschen. So vermag in diesem Kontext eine bestehende visuelle, taktile und/oder olfaktorische Über- oder auch Unterempfindlichkeit dazu führen, dass bestimmte Nahrungsmittel, deren Farben, Konsistenzen und/oder auch Kombinationen miteinander schlichtweg nicht ertragen und damit abgelehnt werden. Auch die klare Trennung unterschiedlicher Lebensmittel auf dem Teller oder die Temperatur der Speisen kann dabei eine wichtige Rolle spielen, so dass sich beispielsweise Lebensmittel nicht vermischen oder berühren dürfen bzw. nur warme oder kalte Speisen zu sich genommen werden (können).

So kann Essen nach Schmitt-Lemberger (2020) mitunter »komisch« aussehen und Ekel hervorrufen (z. B. Form und Farbe), abscheulich riechen und zum Brechreiz führen, sich im Mund »komisch« anfühlen oder wehtun und zum Würgereiz führen (Konsistenz) oder auch laute Geräusche durch andere Menschen verursachen und damit beim autistischen Kind erheblichen Stress erzeugen.

Nach Attwood (2012) kann die Empfindlichkeit gegenüber Nahrungsmitteln mit zunehmendem Alter des Kindes zwar abnehmen, die Angst vor dieser und damit auch die Vermeidung bestimmter Nahrungsmittel könne jedoch dauerhaft bestehen bleiben.

> Früher konnte bei unserem Sohn bereits eine Kartoffel zu viel auf dem Teller oder auch der ungewollte Kontakt der Beilagen mit dem Fleisch eine handfeste Eskalation am Tisch hervorrufen, die dann auch nicht mehr zu stoppen war.
>
> Heute ist er in vielen Essenangelegenheiten etwas flexibler geworden. Dennoch vermögen ihn zeitweise auch kleinere Variationen bei vertrauten Gerichten, z. B. die Verwendung anderer Nudeln beim Gratin, völlig aus der Fassung bringen und schlimmstenfalls in einen mehrstündigen Meltdown münden.

In diesem Zusammenhang darf nicht unberücksichtigt bleiben, dass – gerade in Krisen- und Stresssituationen – vertraute und bekannte Speisen bzw. die ritualisierte Anordnung derselben durchaus auch ein Gefühl von Geborgenheit, Kontrolle und Sicherheit vermitteln können. Das autistische Kind weiß in diesen Momenten genau, was auf es zukommt, wie das Essen schmeckt und wie es sich z. B. im Mund anfühlt. Neues, unbekanntes Essen hingegen birgt für das autistische Kind auch immer das Risiko unangenehme Gefühle, wie Brechreiz und Ekel, auszulösen, was den individuellen Stress für dieses in der jeweiligen Situation bis ins Unermessliche ansteigen und schlimmstenfalls in einem Meltdown (▶ Kap. 1.2.2) enden lassen kann.

Ferner kann die Abneigung gegen Unbekanntes im Allgemeinen bzw. die Vorliebe für Routinen (▶ Kap. 1.2.10) nach Girsberger (2022) dazu führen, dass sich die betreffenden Kinder auch beim Essen am liebsten immer wieder das Gleiche und Vertraute wünschen, was jedoch wiederum nicht dem Wunsch der restlichen Familienmitglieder nach Abwechslung entspricht und damit vermehrt zu Konflikten führen kann. Zudem betrachte das autistische Kind – seiner Erfahrung nach – das Essen als reine Nahrungsaufnahme und habe damit wenig Verständnis für dessen sozialen Aspekt. So wolle dieses beispielsweise schnell mit dem Essen beginnen (und nicht auf die anderen warten) und dieses möglichst zeitnah auch wieder beenden, um den Tisch zu verlassen, wobei der Faktor Zeit und auch die soziale Überforderung, mit mehreren Menschen am Tisch zu sitzen, in diesem Kontext eine wichtige Rolle spielten.

Auch ausgeübter Druck oder ein Zwang beim Thema Essen, wie von Außenstehenden häufig gefordert oder auch angewandt, erscheinen in diesem Kontext völlig kontraproduktiv und vermögen das autistische Kind nachhaltig zu traumatisieren, was sich letztlich auch langfristig auf das Essverhalten des Kindes negativ auswirken kann. Eltern würden sich an dieser Stelle von ihrem Umfeld mehr Rücksicht und Akzeptanz wünschen, um sich nicht auch noch in diesen herausfordernden Momenten für ihre Kinder erklären, entschuldigen oder rechtfertigen zu müssen (▶ Kap. 4.2).

> *Er würde eher vor dem vollen Teller verhungern, als etwas zu essen, was nicht geht oder er nicht kennt ... Panikattacken, Erbrechen, Flüchten, Unsicherheit und Misstrauen wären das Resultat ... aber es wäre kein entspanntes Essen mehr* (Schmitt-Lemberger, 2020, S. 186).

Zudem darf nicht vergessen werden, dass die zahlreichen (innerfamiliären) Konflikte rund um das Thema Essen in stressigen, belastenden Zeiten durchaus zum Stellvertreterkonflikt ausarten und damit vom autistischen Kind (unbewusst) auch als Kompensationsstrategie genutzt werden kann, um vorhandenen individuellen Stress abzubauen. Da die Form der Nahrungsaufnahme für alle Beteiligten jedoch auch einen existenziellen Charakter in sich birgt, gestaltet sich die dauerhafte Diskussion ums Essen für alle Familienmitglieder als Belastung. Insbesondere bei betroffenen Eltern werden (existenzielle) Ängste hervorgerufen, das eigene Kind werde vor ihren Augen verhungern. In diesen Phasen gilt es für Eltern umso mehr auf Distanz zu gehen und Ruhe zu bewahren, um die Situation nicht fortwährend eskalieren zu lassen und möglichst dauerhaft ein entspanntes Verhältnis zu dem Thema zu entwickeln.

Nach Girsberger (2022) seien Eltern zudem gut damit beraten, wenn sie von traditionellen Vorstellungen rund um das Thema Essen Abstand nehmen bzw. jederzeit die Bereitschaft zeigen würden, die Dinge/Situationen anders zu gestalten und Kompromisse einzugehen, um letztlich den Genuss beim Essen nicht zu verlieren. Komme es in diesem Bereich am Ende zu einem Machtkampf, dann säße das Kind grundsätzlich am längeren Hebel, womit sicherlich niemandem geholfen wäre.

1.2.8 Motorische Ungeschicklichkeit und mangelnde Kraftdosierung

Autistische Kinder weisen in ihrem Alltag häufig eine Störung der sensorischen Integration auf, die sich unter anderem in motorischen Ungeschicklichkeiten und einer mangelnden Kraftdosierung äußern kann. Von einer sensorischen Integrationsstörung spricht man, wenn das Reizangebot im Gehirn nicht ausreichend gut verarbeitet wird und es deshalb zur ungenügenden Übermittlung und Speicherung von Informationen aus dem eigenen Körper kommt. Infolgedessen können Informationen und Reize aus der Umwelt nicht aufeinander abgestimmt und adäquat verarbeitet bzw. in entsprechende Handlungen umgesetzt/übersetzt werden. Betroffene Kinder haben damit unter anderem Schwierigkeiten, die Kraft und Genauigkeit oder auch die Lage und die Bewegung ihres Körpers im Raum – die sogenannte Propriozeption – richtig einzuschätzen und wahrzunehmen, was im Alltag häufig zu Missverständnissen und auch Missgeschicken führt, die nicht selten in einen handfesten zwischenmenschlichen Konflikt münden können.

Wichtige persönliche Dinge fallen ständig um oder herunter, werden beschädigt oder gehen gänzlich zu Bruch. Personen werden (scheinbar) einfach umgerannt oder es entstehen unschöne Verletzungen durch unkontrollierte, unkoordinierte Berührungen (z. B. zu festes Zugreifen) und Bewegungen (z. B. Schleudern der Arme), welche wiederum zu äußerst schmerzvollen Begegnungen und Kontakten mit dem autistischen Kind führen können. Diese vermeintlichen »Attacken« sind zwar in der Regel nicht bewusst intendiert und werden auch manchmal vom betroffenen Kind gar nicht oder erst zeitverzögert wahrgenommen, resultieren jedoch meist in einer automatisierten Gegenreaktion und Handlung, wenn nicht sogar in (überzogenen) Sanktionen und Gegenwehr des Gegenübers. Die hierdurch verursachte Verunsicherung des Kindes kann dann wiederum zur weiteren (unnötigen) Eskalation beitragen. Je nach Häufigkeit und Intensität der Beschädigungen und Verletzungen durch das Kind, verbunden mit dem jeweiligen Stresslevel aller Beteiligten, können diese Eskalationen anhalten bzw. dauerhaft zum echten (innerfamiliären) Problem anwachsen, was die Beziehung z. B. zwischen Elternteil und Kind negativ beeinflussen und schlimmstenfalls nachhaltig schädigen kann.

Darüber hinaus kann dieser Umstand im Alltag der Eltern zu einer massiven emotionalen Herausforderung werden, da sie das Verhalten – gerade in der Öffentlichkeit – einerseits (erwartungsgemäß) sanktionieren, um dem Kind eine klare Grenze aufzuzeigen, aber auf der anderen Seite – spätestens in der Reflektion – bestenfalls um dessen autismusbedingte Defizite wissen, so dass ihnen klar wird, dass das Verhalten oder die Verletzung des Kindes mit hoher Wahrscheinlichkeit nicht absichtsvoll passierte. Spätestens dann melden sich die Schuldgefühle zurück und die Frage bzw. Unsicherheit, wie man mit dieser Erkenntnis nun zukünftig umgehen soll.

Je nach Ausprägung kann dieser Aspekt Eltern aber auch schlichtweg verzweifeln lassen, vor allem dann, wenn sie sich für die Ungeschicklichkeiten ihres Kindes in der Öffentlichkeit immer wieder entschuldigen oder gar rechtfertigen bzw. nachhaltig erklären müssen, um schlimmere Konsequenzen oder Sanktionen, die das Kind noch zusätzlich demütigen, möglichst zu vermeiden. Oder auch dann, wenn die Eltern z. B. wiederholt (schmerzvollen) Berührungen des Kindes ausgesetzt sind und dabei ruhig und gelassen bleiben sollen, um eine weitere Eskalation zu umgehen.

1.2.9 Umgang mit Grenzüberschreitungen

Über unsere Grenzen

Der Alltag mit autistischen Kindern scheint für ihre Eltern oftmals grenzenlos,
(Belastungs-)Grenzen werden am laufenden Band übergangen, wo bleiben sie als Eltern bloß?

Wo Grenzen nicht (an-)erkannt oder verstanden werden, werden sie auch ständig überschritten,
Eltern können nur immer wieder für sie kämpfen und dennoch wird auf ihrer Seite gelitten.

Jeden Tag das Gleiche, tagaus und tagein,
ihre Grenzen werden einfach nicht gesehen, wie kann das nur sein?

Sie versuchen es verständnisvoll und geduldig, bleiben ruhig und ganz offen,
»Irgendwann muss es das Kind und die Welt da draußen doch begreifen!«, ist das, was sie denken und hoffen.

Mal laut und mal leise, mal fies und mal lieb,
da ist nichts von ihrer Grenze, was da noch übrigblieb.

»Ich brauch bitte mal meine Ruhe!«, »Gib mir bitte noch etwas Zeit!«,
werden diese Worte nicht verstanden, dann entsteht ganz viel Leid.

Sie benennen es mal so und mal anders, erklären es dem Kind immer wieder deutlich und klar,
doch wo mal ihre persönliche Grenze schien, ist nun keine mehr da.

Eltern bemühen sich um einen geregelten Alltag, gut strukturiert,
mit ganz viel Kontrolle für ihr Kind, ihre persönliche Abgrenzung jedoch scheinbar nicht funktioniert.

Wenn der Körper und die Seele auf Dauer nicht bekommen, was sie brauchen,
machen sie sich irgendwann selbstständig und werden beide von allein abtauchen.
Das Umfeld bekommts häufig kaum mit und hat es damit irgendwie auch nicht kommen sehen,
über diese Dinge wird halt nicht gerne gesprochen, sie würden es sowieso nicht verstehen.
Oftmals fehlt dann auch die Kraft, um Hilfe zu bitten oder sich groß zu erklären,
irgendwie will man ja auch nicht ständig jammern und sich bei anderen beschweren.

Eltern dürfen jedoch niemals aufgeben, müssen stets gut für sich sorgen,
immer wieder neu ihre Grenzen abstecken, was wird sonst aus morgen?
Nur wenn es ihnen gut geht, können sie die Herausforderungen des Alltags bestehen,
für ihre Kinder da sein und sie jeden Tag ein wenig besser verstehen.

> Diese als Sicherheitsanker durch die chaotische Welt begleiten,
> und mit ihnen gemeinsam das Leben bestreiten.

Eltern autistischer Kinder sehen sich in ihrem Alltag immer wieder Grenzüberschreitungen ausgesetzt, vor denen sie sich dauerhaft nur eingeschränkt schützen und die sie letztlich an ihre Belastungsgrenze führen können. So sind es einerseits die Grenzüberschreitungen durch ihre Kinder selbst, die unter anderem aus ihrem eingeschränkten sozialen Verständnis, dem hohen Stresspegel, mangelnder Impulskontrolle oder auch aus einer Übersprungshandlung heraus resultieren. Dabei geht es in diesem Kontext nicht nur um körperliche oder verbale Übergriffe durch das Kind, sondern insbesondere auch um das völlige Einnehmen der eigenen Person ohne Berücksichtigung deren individueller Alltagsbedürfnisse.

Werden die emotionalen und körperlichen Grenzen von den Eltern nicht ausreichend klar, eindeutig und situationsadäquat kommuniziert oder vom Kind nicht (mehr) richtig gehört, verstanden oder akzeptiert, so besteht die Gefahr, dass diese ignoriert, immer wieder übergangen und damit letztlich verletzt oder gar zerstört werden. Hinzu kommt, dass dem autistischen Kind auch bei klaren, unmissverständlichen Ansagen häufig schlichtweg die notwendige Handlungsalternative fehlt, so dass es zum eigenen Schutz immer wieder auf alte und gewohnte Verhaltensmuster zurückgreift, auch wenn es dadurch die Grenzen seines Gegenübers (bewusst) überschreiten muss. Gerade in Stress- und Krisensituationen, wenn Eltern ihren persönlichen Frei- bzw. Rückzugsraum am meisten benötigen, scheinen die Grenzen jedoch zu verschwimmen, sich aufzulösen und das Kind mit den Eltern nahezu verschmelzen zu wollen. Für die eigenen Grenzen und Bedürfnisse zu kämpfen, fordert von den Eltern entsprechende Ressourcen, die ihnen spätestens in diesen Zeiten häufig nicht (mehr) zur Verfügung stehen.

Bleibt eine ruhige, klare Ansage und Aufforderung der Eltern an das Kind wiederholt ungehört, gerät die Situation häufig auch emotional sehr schnell außer Kontrolle, so dass der Leidensdruck aller Beteiligten bis ins Unermessliche anzusteigen droht. Eine adäquate Grenzsetzung bzw. Abgrenzung scheint den Eltern zu diesem Zeitpunkt meist schier unmöglich zu sein, so dass sie die Situation letztlich nur aushalten und hoffen können, dass sie ganz schnell wieder vorübergeht und sie selbst dabei nicht die Kontrolle verlieren. Dies kann auf die Dauer zu einer echten Belastungsprobe werden, die eine gute Selbstfürsorge von den Eltern erfordert, um nicht am Ende daran zu zerbrechen.

Neben den andauernden Grenzüberschreitungen ihrer Kinder erleben alle Familienmitglieder jedoch auch zahlreiche Grenzverletzungen außerhalb der Familie, auf die jedoch in einem späteren Kapitel nochmals explizit eingegangen werden soll (▶ Kap. 3.1.3). Hinzu kommt, dass Familienmitglieder häufig über diese spezielle Thematik, z. B. aus Scham oder Hilflosigkeit, nicht oder nur selten außerhalb der Familie offen sprechen, so dass die damit verbundene Herausforderung und Belastung für Unbeteiligte schlichtweg unsichtbar bleibt.

1.2.10 Routinen, Rituale und Wiederholungen

Alltägliche Routinen und Rituale sind im Leben vieler Menschen enorm wichtig, da sie ihnen Sicherheit, Struktur, Planbarkeit und Überschaubarkeit bieten, Tempo herausnehmen und ihnen Selbstwirksamkeit und Kontrolle (zurück-)geben. Ihre Effekte sind prinzipiell positiv, indem sie stressreduzierend und beruhigend auf die betreffende Person wirken, ohne dass jedoch gleichzeitig das eigene Überleben davon abhängig scheint, so wie es beispielsweise bei vielen autistischen Menschen der Fall sein kann.

Mit zunehmendem Alter entwickeln viele autistische Kinder zahlreiche Strategien, um in einer häufig als chaotisch empfundenen Welt nicht unterzugehen und sich damit das eigene Leben ein wenig zu erleichtern, überschaubarer und aushaltbarer zu machen. Starre Routinen, fest eingebaute Alltagsrituale und ständige Wiederholungen, die in allen Variationen innerhalb zahlreicher Alltagssituationen oder auch sozialer Interaktionen auftauchen (können), stellen damit für sie einen wichtigen Kompensationsfaktor dar, der unter anderem den individuellen Stresspegel und vorhandene Ängste auf ein für sie aushaltbares Maß zu reduzieren vermag.

Infolgedessen sehen sich Eltern und Geschwisterkinder im Alltag beispielsweise häufig konfrontiert mit sich andauernd wiederholenden oder auch ritualisierten

- Fragen, Worten oder Satzphrasen, Gesprächsthemen oder Geschichten,
- stereotypen Verhaltensweisen (z. B. Flattern mit den Armen oder Schaukeln des Oberkörpers),
- motorischen oder verbalen Tics,
- (unabänderlichen) Spielabläufen und (sonderbarem) Spielverhalten (▶ Kap. 1.2.12),
- (starren) Essenswünschen/-gewohnheiten (▶ Kap. 1.2.7),

- (klar festgelegten) Reihenfolgen, Gewohnheiten und Abläufen (z. B. beim Verlassen des Autos oder des Hauses),
- (rigiden) Strukturen und Ordnungssystemen
- etc.

Vielen autistischen Menschen dienen Routinen und Rituale häufig schlichtweg als (lebensnotwendige) »Sicherheitsanker«, an denen sie sich festklammern und ohne die sie letztlich ihren stressigen Alltag nicht bewältigen können. Für ihr (familiäres) Umfeld kann die dauerhafte Berücksichtigung derselben jedoch wiederum zu einer echten (nervlichen) Belastungs- und Zerreißprobe werden, spätestens dann, wenn sich diese Routinen und Rituale in Stressmomenten scheinbar verfestigen oder auch noch weiter ausweiten. Unbeteiligte Personen, Familienangehörige oder auch immer mehr Gegenstände können dabei beispielsweise (ungefragt und unbemerkt) in das eigene Ritual des Kindes miteingebunden werden, so dass sich dieses in dessen Alltag scheinbar verselbstständigt und schlimmstenfalls zum inneren Zwang wird, der am Ende mehr Leiden für alle Beteiligten als Erleichterung schafft. Je aufwendiger, zeitintensiver, zwanghafter und damit auch unflexibler ein bestehendes Ritual oder eine bestimmte Routine werden, desto herausfordernder wird dies auch für alle Beteiligten, da ein Abweichen davon – gerade in stressigen Phasen – für das autistische Kind schier unmöglich erscheint oder immer auch mit entsprechenden Konsequenzen, wie z. B. herausfordernden Verhaltensweisen, einhergehen.

Eltern autistischer Kinder investieren deshalb häufig viel Mühe und Zeit darin den Alltag des Kindes so überschaubar und stressfrei wie möglich zu gestalten, damit die vorhandenen Routinen und Rituale für das Kind nicht überlebensnotwendig und damit zum Selbstläufer werden. Dennoch ist das Leben oder der Alltag des autistischen Kindes nur begrenzt planbar und entzieht sich durch zahlreiche Faktoren oder auch das individuelle Verhalten des Umfelds und damit der Mitmenschen auch hin und wieder ihres persönlichen Verantwortungs- und Einflussbereichs. Ferner fehlt Eltern am Ende des Tages manchmal auch die notwendige Energie oder Kraft diese (eintönige) Struktur umzusetzen bzw. dauerhaft durchzuhalten und ihre Kinder darüber hinaus auf alle Eventualitäten des Lebens vorzubereiten, um deren (selbst erschaffenen) Routinen und Rituale auf ein adäquates Maß zu reduzieren bzw. eindämmen zu können.

Aus diesem Grund scheint es weiterhin auch nicht verwunderlich, dass Eltern – sofern nicht zwingend erforderlich – in diesen Situationen nur selten aktiv eingreifen bzw. die Handlungen oder Routinen ihres autistischen Kindes gar unterbrechen oder untersagen. Zum einen, weil sie bestenfalls verstanden haben, dass diese Wiederholungen der Kompensation und Regulierung des autistischen Kindes dienen und damit auch ein Signal darstellen (können), dass sie gerade einen schwierigen Moment durchleben und nicht anders können. Zum anderen, weil die betreffenden Kinder in diesen Routinen und Ritualen in zahlreichen Situationen scheinbar gar nicht zu stoppen sind, da diese ein Teil ihrer Persönlichkeit und damit auch ein Teil ihrer Beeinträchtigung darstellen, so dass Eltern in diesen Momenten letztlich nur eine gewisse Akzeptanz, Toleranz, »Ignoranz« und »Alltagsblindheit« oder auch eine Gelassenheit und eine Prise Humor für diese Handlungen entwickeln können, um nicht selbst durchzudrehen. Diese Haltung wünschen sich Eltern mitunter auch von ihrem näheren Umfeld, was ihren Alltag sicherlich erheblich vereinfachen könnte (▶ Kap. 4.2).

Am Ende benötigt es deshalb idealerweise eine gute Mischung aus ritualisierten, (zeitlich) klar begrenzten Abläufen und Routinen, die dem Kind einerseits die notwendige Sicherheit verschaffen, die es zu dem entsprechenden Zeitpunkt benötigt, der gesamten Familie jedoch noch genügend Freiräume zum Atmen lassen und damit für alle Beteiligten handhabbar bleiben. Auch dies erscheint, gerade in stressigen Zeiten, eine echte Herausforderung und benötigt seitens der Eltern viel Feingefühl, Kraft und Ausdauer.

Für Außenstehende wiederum erschließt sich der Sinn und Zweck dieser Verhaltensweisen des Kindes (oder auch der Eltern) – trotz zahlreicher Erklärungsversuche – häufig nicht und wirkt auf sie manchmal eher befremdlich, ungewöhnlich oder gar verstörend. Die betreffenden Kinder erscheinen dazu für sie unter anderem nervig, rigide, unnachgiebig, egoistisch, grenzüberschreitend und auf die Dauer schlichtweg nicht auszuhalten. Eltern hingegen setzen ihrem Kind ihrer Ansicht nach nicht genügend Grenzen, sind zu nachlässig, haben den »Laden nicht im Griff« oder lassen wirklich alles mit sich machen und sind damit selbst schuld an der Situation.

Mangelnde Flexibilität

Viele autistische Menschen haben große Schwierigkeiten flexibel im Alltag auf neue Situationen, Anforderungen und Abläufe zu reagieren, sich ihnen anzupassen und sich adäquat damit zurecht zu finden. Sie verharren vielmehr in fixen Strukturen, die ihnen Planbarkeit und Überschaubarkeit vermitteln, sie langfristig jedoch in ihrer eigenen Entwicklung blockieren und behindern können. Hinzu kommt, dass sich bestimmte äußere Faktoren und Umwelteinflüsse faktisch nur bedingt planen, vorhersagen oder auch beeinflussen lassen, was durchaus im Alltag dieser Menschen dauerhaft zu erheblichen Ängsten, Rückzug und Vermeidungsverhalten führen, großen Leidensdruck hervorrufen und damit eine wesentliche Beeinträchtigung in ihrem Leben darstellen kann.

Eltern autistischer Kinder arbeiten deshalb nahezu täglich an deren Flexibilität, um allen Beteiligten das Leben langfristig zu vereinfachen und Stress dauerhaft zu reduzieren. Ob bei der Auswahl des Essens, beim Einhalten und Durchführen täglicher Rituale, beim Beharren auf bestimmten Reihenfolgen und Abläufen, bezogen auf die individuellen Spezialinteressen oder auch im Kontakt mit Geschwisterkindern oder anderen Personen aus dem Umfeld des betroffenen Kindes: Überall stoßen ihre autistischen Kinder im Alltag an ihre Grenzen, was sie in ihrer Leistungsfähigkeit blockiert, sie in ihren (Handlungs-)Möglichkeiten erheblich einschränkt und letztlich langfristig zu Selbstzweifeln und dem ständigen in Frage stellen der eigenen Person oder der eigenen Kompetenzen führen kann.

An ihrer Flexibilität zu arbeiten, bedeutet in diesem Kontext mitunter die betroffenen Kinder im Rahmen ihrer individuellen Möglichkeiten hin und wieder aus ihrer persönlichen Komfortzone herauszulocken und ihnen damit in ihrem überschaubaren, durchstrukturierten und Sicherheit gebenden Alltag neue (positive) Erfahrungen zu ermöglichen. Diese sollen ihnen wiederum (idealerweise) vermitteln, dass die Welt an vielen Stellen gar nicht so bedrohlich ist, wie sie häufig in ihren Augen scheint.

Flexibilität bedeutet für Eltern darüber hinaus ihren autistischen Kindern fortwährend neue Verhaltensalternativen anzubieten, aufzuzeigen bzw. mit ihnen einzuüben, da diese bekanntermaßen häufig nicht intuitiv, sondern vielmehr über ihren Verstand erlernt und dann sukzessive generalisiert werden müssen, um in verschiedenen Alltagssituationen auf ein breiteres Spektrum zurückgreifen zu können. Dies vermag wiederum längerfristig (soziale) Ängste und Unsicherheiten abzubauen, indem es die Kontaktaufnahme und -aufrechterhaltung zu anderen Menschen bzw. einen (positiven und tragfähigen) Beziehungsaufbau erleichtert oder überhaupt erst ermöglicht.

Indem sie ihren autistischen Kindern immer wieder die Hand reichen und sie ermutigen etwas Neues zu probieren, ihnen aber gleichzeitig die notwendigen Rahmenbedingungen und das erforderliche Sicherheitsnetz bereitstellen, die dieses Ausprobieren im geschützten Rahmen erst möglich macht, vermögen Eltern einen wesentlichen Teil dazu beizutragen die Flexibilität ihrer Kinder auszubauen und zu erweitern. Dabei geht es keinesfalls darum autistische Kinder fortwährend »in Watte zu packen«, sondern ihnen stattdessen im Rahmen ihrer individuellen Möglichkeiten auch etwas zuzumuten, ohne sie dabei anhaltend zu überfordern.

Diese Entscheidung ist für Eltern in Bezug auf Alltagsbewältigung und Tagesform ihrer autistischen Kinder sicherlich immer wieder eine Gratwanderung und lebt am Ende vom individuellen Experimentieren und einer offenen Fehlerkultur, die auch das Risiko des Scheiterns birgt bzw. miteinschließt. Dennoch zeigt es den Eltern, dass auch bei ihren Kindern – trotz aller Schwierigkeiten und Prognosen – Entwicklung möglich ist, wenn auch manchmal nur in ganz kleinen Schritten, mit viel Ausdauer und einem langen Atem. Welche individuellen Herausforderungen und Belastungen damit verbunden sind bzw. welche hohen Anforderungen, Kompetenzen und auch welches Maß an Geduld und Frustrationstoleranz dabei von Eltern und ihren autistischen Kindern abgerufen bzw. abverlangt werden, bleibt dabei nach außen hin häufig ungesehen bzw. unberücksichtigt.

Am Ende sollte jedoch das zentrale Ziel – nämlich die Reduzierung von Angst und Stress sowie die Linderung des individuellen Leidensdruck des betreffenden Kindes – niemals aus den Augen verloren werden. Es geht folglich den Eltern in der Regel keinesfalls um die Gleichmachung und Anpassung autistischer Kinder um jeden Preis, da sie diesen Prozess – aufgrund ihrer individuellen Beeinträchtigung – sowieso nicht dauerhaft aufrechterhalten können, es zu Lasten ihrer (seelischen) Gesundheit geht und sich damit eher kontraproduktiv auf ihre persönliche Entwicklung, ihre Leistungsfähigkeit und ihr allgemeines Wohlbefinden auswirkt.

(Ungeplante) Veränderungen und Übergänge

Autistische Kinder benötigen, unter anderem aufgrund ihrer besonderen Reiz- und Informationsverarbeitung im Gehirn, möglichst klare, vorhersehbare und vor allem konstante Strukturen und Abläufe, die ihnen als Orientierung und Stütze im Alltag dienen und ihnen zusätzlich dabei verhelfen das Chaos in ihrem Kopf zu minimieren bzw. zu ordnen.

Kommt es im Alltag des autistischen Kindes zu ungeplanten, unangekündigten oder auch spontanen Veränderungen kann dies dazu führen, dass die komplette Struktur des Kindes auf einen Schlag zerfällt oder zumindest ins Wanken gerät und es dadurch die notwendige Sicherheit verliert, die damit verbundenen Anforderungen erfolgreich bewältigen zu können. Dies gilt gleichermaßen auch für zahlreiche Übergänge im Alltag des Kindes, wobei hier in erster Linie nicht zwingend die größeren Übergänge im Leben gemeint sind, wie beispielsweise der Wechsel vom Kindergarten in die Grundschule, von der weiterführenden Schule in das Berufsleben oder auch die Entwicklungsschritte von der Kindheit zur Pubertät bis hin zum Erwachsenenalter, die sicherlich vielen Menschen zeitweise große Schwierigkeiten bereiten können.

Gerade Veränderungen oder Übergänge, die für Außenstehende auf den ersten Blick nicht offensichtlich erscheinen, stellen für das familiäre Umfeld die größte Herausforderung dar, da sie von den Eltern (idealerweise) erkannt, verstanden, entsprechend vorbereitet, begleitet und wiederholt erklärt werden müssen, um ihre autistischen Kinder im Alltag bestmöglich zu unterstützen.

> *Roschinski/Roschinski (o. J.) vergleichen den Tagesablauf ihres autistischen Bruders mit einer Perlenkette [...]. Jede Perle steht dabei für eine Aktivität/Tätigkeit/Punkt des Tages. Sie sind in der Reihenfolge aufgefädelt, in der sie stattfinden werden. Änderungen im Tagesplan sind nicht vorgesehen und auch nicht umsetzbar. Sollte sich etwas verschieben, getauscht werden, ausfallen oder ähnliches, müssen alle Perlen entfernt und die Kette neu aufgefädelt werden. Bei jeder Änderung wird der autistische Mensch nervöser, sodass bei zu vielen unvorhersehbaren Änderungen schließlich die Kette reißt und alle Perlen durcheinandergeraten. Das Chaos kann dann nicht mehr bewältigt werden. (Stephanie Meer-Walter, 2021, S. 60)*

Neben zunehmender Verunsicherung, Unruhe, Ängsten, Panik und völliger Überforderung des autistischen Kindes kann es dabei auch zu impulsiven Ausbrüchen oder Zusammenbrüchen kommen, die innerhalb der Familie schlichtweg ausgehalten und für das Umfeld häufig nicht erklärbar oder auch akzeptabel erscheinen.

Dabei sind Veränderungen oder Übergangssituationen per se nichts familiär Isoliertes. Auch bei (vermeintlichen) Kleinigkeiten gibt es immer wieder Schnittstellen zu anderen Beteiligten, die wiederum gemeinsam mit den Eltern dafür verantwortlich sind, vorhandene Schwierigkeiten zu erkennen, sie vorzubereiten und zu begleiten, auf Anpassungsbedarfe zu reagieren und sich gegenseitig zu informieren. Die Erfahrung zeigt deshalb, dass durch einen geeigneten Informationsfluss, einen regelmäßigen Austausch und eine gewisse Transparenz von außen häufig viele Veränderungen im Alltag der Kinder »vorhersehbar« bzw. Übergänge leichter handhabbar gemacht und ihre (negativen) Auswirkungen damit durch (minimale) Interventionen und entsprechende Vorbereitungen innerhalb der Familie abgefedert werden könnten. Allen Beteiligten bliebe dadurch viel Leid erspart. Hier fehlt jedoch – trotz wiederholter Bitten und Hinweise der Eltern – vom Umfeld meist die erforderliche Sensibilität oder auch das Verständnis der Notwendigkeit, um bei absehbaren Veränderungen oder Übergängen von sich aus im Vorfeld entsprechend adäquat tätig zu werden.

Aber auch geplante und angekündigte Veränderungen vermögen das autistische Kind an manchen Tagen kurzfristig aus dem Takt bringen, da diese – neben Neugier und Vorfreude – immer auch mit Fragen, Unsicherheiten, Ängsten und Selbstzweifeln verbunden sind, ob es der neuen Herausforderung gewachsen scheint. Die Unruhe und Ängste des Kindes sind in diesem Zusammenhang häufig bereits ab Bekanntwerden der Veränderung im Alltag der Familie deutlich spürbar und können sich dann bis zu dem entsprechenden Tag scheinbar bis ins Unendliche steigern, so dass alle Beteiligten froh sind, wenn die Veränderung endlich vollzogen bzw. abgeschlossen ist und wieder Ruhe einkehren kann.

Dabei ist nicht zwingend die Größe oder das Ausmaß der jeweiligen Veränderung bzw. des Übergangs entscheidend. Je nach individueller Tagesform, Leistungsfähigkeit und Kompensationslevel des Kindes, können bereits minimale Strukturveränderungen für das Kind maximale Folgen mit sich bringen, was es für alle Beteiligten in der Gestaltung jedoch nicht einfacher macht. So sind es häufig insbesondere die zahlreichen kleinen (unsichtbaren) Übergänge innerhalb des Alltags eines autistischen Kindes, die für ihn/sie und dessen Umfeld zu einer echten Herausforderung werden und zu einem dauerhaft erhöhten Stresslevel führen können. Hierzu zählen prinzipiell alle Wechsel von einer gewohnten in eine neue Umgebung, z.B.

- von einem (Klassen-)Raum in einen anderen,
- vom (sicheren) Zuhause in das Schulgebäude,
- von drinnen nach draußen,
- von Person A zu Person B,
- von Sommer- zu Winterkleidung
- etc.

Innerhalb der Familien ist dieser Aspekt deshalb in der Regel sehr zentral und wird auch in zahlreichen Alltagsplanungen immer wieder bedacht und (scheinbar) penibel berücksichtigt, um das Kind entsprechend zu entlasten, es nicht zu überfordern und vor allem »funktionsfähig« zu halten. Dabei alle Eventualitäten möglichst im Blick zu halten und das autistische Kind auf anstehende, planbare Veränderungen und Übergänge möglichst frühzeitig und adäquat vorzubereiten, kosten jedoch alle Beteiligten viel Kraft und können dabei auf die Dauer zu einer echten Belastungsprobe werden.

Hinzu kommt, dass die Notwendigkeit dieses Verhaltens oder auch vorausschauenden Planens der Eltern von Unbeteiligten häufig nicht wirklich verstanden und deshalb auch vermehrt kritisiert oder gar belächelt wird. Der Appell der Eltern vorhersehbare Veränderungen bitte (möglichst frühzeitig) anzukündigen, um ihnen die Chance zu geben, das Kind entsprechend darauf vorzubereiten, werden dabei entweder überhört, (regelmäßig) vergessen oder auch ignoriert und insgeheim mit einem Kopfschütteln beantwortet. Kommt es dann jedoch wiederum zur Eskalation im Verhalten des Kindes, wird der Zusammenhang mit der stattgefundenen Veränderung selten erkannt und den Eltern im Gegenzug die Verantwortung für das Verhalten des Kindes auferlegt. An dieser Stelle wachsen häufig auch die Frustration, der Leidensdruck und das Unverständnis auf Elternseite, da sich viele Eskalationen durch ein bisschen mehr Rücksicht bereits im Vorfeld vermeiden ließen und dem autistischen Kind damit viel Leid erspart bliebe.

Ferien- und Urlaubszeiten

Ferienzeit heißt für die meisten Familien auch Zeit für Erholung, gemeinsame Unternehmungen, Urlaubsreisen und Abschalten vom Alltagsstress. Für Familien mit autistischen Kindern bringen Ferien- oder auch Urlaubszeiten jedoch einen weiteren Übergang und damit einen Verlust oder zumindest eine wesentliche Veränderung innerhalb der gewohnten Abläufe, Routinen und der vorhandenen Tagesstruktur mit sich, die für ihre Kinder häufig überfordernd und damit schwer auszuhalten erscheinen. Sollte die Ferienzeit eigentlich ihrer Regeneration dienen, schließlich kostet sie der Schulstress verbunden mit dem Leistungsdruck und ihrem »Funktionsmodus« sehr viel Energien, verursacht der damit verbundene Strukturverlust bei vielen autistischen Kindern in erster Linie häufig noch mehr Stress und Chaos, den sie, aufgrund ihrer ohnehin schon knappen Ressourcen, kaum (noch) zu bewältigen vermögen und deshalb umso mehr der Kompensation und Unterstützung ihrer Familie bedürfen.

Auch der durch die Ferienzeiten automatisch enger werdende, meist pausenlose Kontakt mit dem autistischen Kind lassen den einzelnen Familienmitgliedern im Alltag oftmals kaum noch Zeit zum Luftholen und erfordern schlimmstenfalls ihre permanente Aufmerksamkeit. Mit jedem Ferientag schwinden damit auch die begrenzten Ressourcen aller Familienmitglieder, was wiederum vermehrt zu (innerfamiliären) Konflikten und herausfordernden Verhaltensbesonderheiten führen kann. Der Akku ist leer und alle Beteiligten benötigen im Prinzip eine Pause, die ihnen dann jedoch (wenn überhaupt) nur selten zuteilwird.

An Urlaub und Verreisen ist in diesen Tagen für viele Familien mit autistischen Kindern meist gar nicht zu denken, da ein zusätzlicher Wechsel in eine neue (fremde) Umgebung auch wieder zahlreiche neue Herausforderungen mit sich bringen und schlimmstenfalls für das autistische Kind (mangels Ressourcen) eine unüberbrückbare Hürde darstellen kann. Ergo halten viele Familien in diesem Fall häufig an Bekanntem fest, besuchen immer wieder die gleichen Urlaubs- oder Ausflugsziele oder bleiben am besten am Ende einfach zu Hause in der gewohnten Umgebung, um es dem autistischen Kind und sich selbst nicht noch schwerer zu machen. Statt auf Erholung, Entspannung und Entlastung liegt der Fokus der Eltern in den Ferien nun im Aufbau und der Entwicklung alternativer Tagesstrukturen, die dann im Familienalltag entsprechend etabliert, aufrechterhalten und stabilisiert werden müssen, wohlwissend, dass die Aufnahmekapazitäten und Ressourcen aller Beteiligter bereits erheblich reduziert sind. Autistische Kinder benötigen gerade in diesen Zeiten einen überschaubaren und planbaren Tagesablauf, an dem sie sich orientieren können und der ihnen den notwendigen Halt und die Sicherheit gibt, die sie zur erfolgreichen Alltagsbewältigung benötigen. Dieser Prozess erfordert insbesondere von den Eltern nicht nur viel Kraft, Kompromissbereitschaft und Kreativität, sondern auch die notwendige Erfahrung für das richtige Maß an Beschäftigung und Pausen im Alltag des autistischen Kindes, was von Außenstehenden jedoch häufig nicht gesehen oder verstanden wird.

Dabei kann die Dauer, bis sich die neuen Strukturen und Abläufe im Alltag etabliert und gefestigt haben, mitunter sehr stark variieren und ist auch immer abhängig von der allgemeinen Verfassung des autistischen Kindes zu Ferienbeginn. Schlimmstenfalls gewöhnt sich das autistische Kind nur sehr langsam, so dass der Urlaub oder auch die Ferienzeit schon wieder am Ende sind und sich das Kind damit auf den nächsten Übergang – nämlich den erneuten Beginn der Schulzeit – entsprechend vorbereiten und einstellen muss, was wiederum der engen Begleitung und Unterstützung der Familie bedarf. Das Programm der »strukturellen Umgewöhnung« startet in diesem Fall von neuem, ohne dass sich die Ressourcen aller Beteiligten jedoch (deutlich) gesteigert hätten, was die Situation zusätzlich verschärfen und zu einer dauerhaften familiären Herausforderung machen kann.

Umgang mit Überraschungen

Viele autistische Menschen hassen bzw. meiden Überraschungen in jeglicher Form, da diese für sie nicht vorhersehbar oder planbar sind, sie dazu noch außerhalb ihrer Kontrolle liegen und sie damit keinen oder nur begrenzten Einfluss darauf nehmen können. In ihrem häufig bereits sehr chaotischen Alltag, der schon per se immer wieder zahlreiche (unvermeidliche) »Überraschungen« parat hält, sind diese angekündigten Überraschungen zeitweise kaum auszuhalten und vermögen ihrerseits immer wieder für totale Überforderung zu sorgen.

Überraschungen erfordern von der betreffenden Person immer auch »spontane« Reaktionen, auf die sie sich im Vorfeld nicht vorbereiten und deren Konsequenzen sie häufig auch nicht einschätzen kann, was wiederum Unsicherheit und große Ängste hervorrufen kann. Hinzu kommt, dass Überraschungen meist noch mit schlechten Erlebnissen verknüpft werden, da z. B. das autistische Kind in der Vergangenheit häufiger erfahren musste, dass seine individuellen und tagesformabhängigen Reaktionen auf Überraschungen innerhalb seines Umfelds meist kritisiert, verurteilt oder zumindest negativ bewertet wurden:

- Gefällt die Überraschung nicht, kann das autistische Kind seine Enttäuschung – aufgrund der mangelnden Impulskontrolle und der eigenen situativen Überforderung – häufig nicht verbergen oder zurückhalten. Es vermag deshalb offen und ehrlich seinen Unmut zu äußern, stößt dabei andere Menschen eventuell unwillentlich vor den Kopf und erntet für sein vermeintlich »inadäquates« Verhalten noch Häme und Kritik.
  »Kann das Kind nicht wenigstens einmal so tun, als ob es ihm gefällt? Tante Liese hat es doch nur gut gemeint!« – *»**Nein, kann es nicht!**«*
- Trifft die Überraschung den Geschmack des autistischen Kindes, freut es sich zwar unter Umständen von ganzem Herzen, wirkt auf sein Umfeld jedoch in diesen Momenten häufig völlig überdreht, distanzlos oder auch schlichtweg »zu laut«, was wiederum innerhalb des Geschehens als »herausfordernd« quittiert wird. Damit vermag das Kind auch seine Freude für Außenstehende häufig nicht situationsadäquat zu »dosieren« oder auszudrücken, was auch an der (negativen) Reaktion oder zumindest Irritation derselben erkennbar wird.
  Hinzu kommt, dass die Freude des Kindes auf die Dauer auch wieder in eine völlige Überforderung desselben münden kann, so dass auch diese Momente schlimmstenfalls zu einem Meltdown (▶ Kap. 1.2.2) führen können.
  »Schön, dass er sich über das Geschenk freut, aber muss das immer so ausarten?« – *»**Ja, das ist seine Form der Freude!**«*

In manchen Situationen scheint das autistische Kind (zunächst) auch gar nicht zu wissen, wie es die Überraschung für sich denn (spontan) einordnen oder bewerten soll (positiv oder negativ?). In diesen Momenten steigt auch der innere Druck und es verbleiben ihm/ihr dann häufig nur drei mögliche Reaktionsweisen, die jedoch allesamt aus der daraus resultierenden Angst, Verunsicherung und Überforderung des Kindes entstehen:

- Das Kind erstarrt und zeigt keinerlei Reaktionen.

- Das Kind ergreift die Flucht und verlässt schnellstmöglich die Situation/den Raum.
- Das Kind geht in den Angriff und feuert z. B. die Überraschung in die Ecke.

Das Umfeld wiederum zeigt für dieses Verhalten selten Verständnis, schließlich hat man sich ja im Vorfeld durchaus »lange Gedanken gemacht«, sich »solche Mühe gegeben« und wollte doch für das Kind »nur das Beste«. Das autistische Kind verhält sich deshalb in ihren Augen »undankbar«, »ignorant«, »verwöhnt«, einfach vollkommen »inakzeptabel«.

Eltern stehen diesen Situationen häufig völlig ohnmächtig gegenüber, zumal sie es in der Regel erfahrungsgemäß haben kommen sehen, deshalb in der Vergangenheit innerhalb des (familiären) Umfelds immer wieder dafür plädierten jegliche Form von Überraschungen möglichst zu vermeiden und darüber hinaus noch (ungefragt) Erklärungen abgaben. Trotz der eigenen Frustration müssen Eltern in diesen Momenten jedoch immer wieder möglichst ruhig bleiben und bestenfalls deeskalierend als »Mediator/in« und »Übersetzter/in« fungieren, einerseits zum Schutz ihres autistischen Kindes, andererseits um den Ärger des Umfelds entsprechend zu kanalisieren und eine weitere Eskalation zu vermeiden, die sicherlich auch für das Kind völlig kontraproduktiv wäre.

Das Leben hält im Alltag autistischer Menschen immer wieder zahlreiche »Überraschungen« parat, die sich nicht immer beeinflussen, umgehen oder auch vermeiden lassen. Dennoch gibt es auch vermeidbare Überraschungen, bei denen sich dann – nicht zuletzt auf Seiten der Eltern autistischer Kinder – immer wieder die Frage stellt, ob diese tatsächlich notwendig erscheinen oder ob man sie dem Kind durch entsprechende Informationen im Vorfeld nicht einfach ersparen kann, da sie sowieso nicht den gewollten Effekt (Vorfreude, Dankbarkeit) erfüllen, sondern sich auf das allgemeine Stressniveau des autistischen Kindes negativ auswirken. Eltern sind hier umso mehr gefragt innerhalb des Umfelds Aufklärung zu betreiben, Erklärungen anzubieten und für Verständnis zu werben, in der Hoffnung, dass ihre Hinweise und Bitten – zum Wohle und zum Schutz ihrer Kinder – beim nächsten Mal vielleicht doch gehört oder berücksichtigt werden.

Geburtstage und andere Feierlichkeiten

Neben alltäglichen Überraschungen stellen auch Geburtstage und andere Feierlichkeiten, wie Ostern, Weihnachten und Silvester Familien mit autistischen Kindern häufig vor immense Herausforderungen, die sehr kräftezehrend sein können.

1 Herausforderndes und Beachtenswertes im Familienalltag

> Steht bei unserem autistischen Kind ein Geburtstag an, liegen häufig bereits Wochen vorher die Nerven aller Familienmitglieder blank. Schlimmstenfalls gehen dem Tag 364 Tage detaillierte Planungen zum Ablauf und potenziellen Gästen voran, 1234 Listen mit exakten Geschenkewünschen des Kindes, 286 »Worst-Case-Szenarios« (Was ist, wenn...?) verbunden mit 345 (emotionalen) Zusammen- und Ausbrüchen.
>
> Ist der Tag dann (endlich) vorüber, beginnt die ganze Szenerie wieder von vorne.

Infolgedessen befindet sich nicht nur das autistische Kind, sondern alle Familienmitglieder sind in diesen Zeiten scheinbar in einem absoluten Ausnahmezustand. Geschenke werden schon Monate vorher bis ins kleinste Detail geplant, auf Listen notiert mit den Eltern (immer und immer wieder) durchgesprochen und auf ein realistisches (finanzierbares) und überschaubares Niveau reduziert. Dabei geht es nicht nur um die eigenen Geschenke, sondern auch um die der Großeltern, Tanten und Onkels, um mögliche (böse) Überraschungen zu vermeiden. Sind die Geschenke dann besorgt und alles weitere organisiert, wird das autistische Kind in der Regel im Vorfeld – zum Unverständnis einiger Gäste – in das Vorhandensein derselben eingeweiht, um Vorhersehbarkeit zu schaffen und unnötigen Stress zu reduzieren.

Trotz aller Vorbereitung bleibt es jedoch nicht aus, dass die Anspannung und Unruhe des autistischen Kindes kurz vor dem besonderen Tag ein Ausmaß annehmen können, welches für alle Beteiligten kaum zu ertragen ist. Besondere (herausfordernde) Verhaltensweisen des Kindes erreichen in diesen Tagen oftmals – scheinbar unaufhaltsam – ihren Höhepunkt, müssen damit von den Familienmitgliedern akzeptiert, toleriert, kanalisiert und schlichtweg ausgehalten werden.

Um das autistische Kind nicht von Beginn an zu überfordern, wird der Festtag selbst (nicht erst seit der Coronapandemie) möglichst in Schichten aufgeteilt und gefeiert in der Hoffnung, dass alle Beteiligten dafür Verständnis haben und sich an ihren Zeitplan halten. Verspätungen (seien es auch nur 5 Minuten) werden dabei seitens des autistischen Kindes nicht geduldet und nicht selten mit einem emotionalen Zusammenbruch oder einer Sanktion des Gastes wegen Regelverstoßes abgestraft. Die Gäste zeigen jedoch wiederum hierfür – trotz zahlreicher Appelle und Erklärungsversuche der Eltern – nur selten Verständnis, weil sie nicht überschauen und nachvollziehen können, welchen Kraft- und Energieaufwand vom autistischen Kind selbst an einem solchen Tag abgerufen und abverlangt werden und wie viele Tage es im Anschluss daran benötigt, bis es wieder nach außen hin annähernd »gesellschafts- und leistungsfähig« ist. Die Familie fungiert an dieser Stelle im Nachhinein wiederum als »Tankstelle« (▶ Kap. 1.2.13) des Kindes, was – nach den erhöhten Anstrengungen der Wochen zuvor – für sie häufig einen enormen Kraftakt darstellt.

Familien mit autistischen Kindern sind damit manchmal (gefühlt) rund um die Uhr mit der Organisation von Festtagen beschäftigt, um diese auch für ihre autistischen Kinder zu etwas »Besonderem« oder zu etwas »Schönem« zu machen, was für Unbeteiligte jedoch häufig unsichtbar bleibt. »Besondere« Tage gehen auch immer wieder mit »besonderem« Verhalten autistischer Kinder einher, welches von den einzelnen Familienmitgliedern entsprechend kanalisiert und kompensiert werden muss. Im Idealfall sehen Außenstehende dann an diesen Tagen ein Kind, was seit Wochen und Monaten von der Familie optimal auf alle Eventualitäten vorbereitet wurde, um irgendwie durchzuhalten und möglichst allen Beteiligten einen »festlichen« Tag zu bereiten. Sie sehen ein autistisches Kind, welches an diesem Tag damit nach außen hin (annähernd) funktioniert, was dann aber wiederum bei ihnen zu dem Rückschluss führt, dass das Kind doch »vollkommen normal sei« und ihre Eltern sich nicht so anstellen sollten. Der damit einhergehende Kraft- und Energieaufwand verbunden mit dem Leidendruck und den (negativen) Konsequenzen für die Folgetage bleibt dabei unberücksichtigt, die Leistungen aller betroffenen Familienmitglieder werden schlichtweg nicht gesehen.

1.2.11 »Darfs vielleicht a bisserl mehr sein?«

Kinder im Autismus-Spektrum weisen im Alltag häufig, neben ihren autismusbedingten Einschränkungen, zahlreiche weitere gesundheitliche »Baustellen« auf, die nicht selten entsprechender (fachärztlicher) Interventionen bedürfen und denen sie sich gemeinsam mit ihren Eltern zu einem passenden Zeitpunkt stellen müssen. Dabei gilt es für Eltern meist einerseits klar abzuwägen und zu entscheiden, welche weiteren Behandlungen zu welchem Zeitpunkt den Kindern im Alltag zusätzlich zugemutet werden können, um sie nicht dauerhaft zu überfordern und ihre gesundheitliche Situation damit nachhaltig zu verschlechtern. Anderseits wird Eltern auch immer wieder suggeriert, dass ein frühzeitiger bzw. unmittelbarer Therapiebeginn bei vielen auftretenden gesundheitlichen Problemen das Ausmaß deutlich reduzieren und damit eine Chronifizierung entsprechend vermeiden kann.

Dieser Aspekt beinhaltet damit eine weitere organisatorische und zeitliche Herausforderung und Belastung für alle Beteiligten, um die zahlreichen

Arzt- und auch Behandlungstermine im Familienalltag zu integrieren. Autistische Kinder müssen zudem noch von ihren Eltern häufig auf jeden Termin individuell vorbereitet werden, um diesen möglichst adäquat bewältigen zu können. Ferner gilt zu berücksichtigen, dass sie im Anschluss vermehrt Ruhe und Erholung benötigen und in Bezug auf Alltagsanforderungen meist nur noch eingeschränkt leistungsfähig erscheinen, so dass nicht jede erforderliche Behandlung zu jedem Zeitpunkt umsetzbar erscheint.

Komorbide Störungen

Aufgrund der andauernden Belastungen des Alltags und des damit einhergehenden hohen Stresslevels autistischer Menschen, ist das Risiko der Entwicklung oder das Auftreten weiterer Krankheiten, sogenannter Komorbiditäten, keine Seltenheit. So leiden viele autistische Kinder oder auch Erwachsene (phasenweise) vermehrt unter psychosomatischen oder auch körperlichen (Begleit-)Erkrankungen, die sie im Alltag mitunter stark belasten und zusätzlich in ihrem Handlungsspielraum einschränken können. Dabei sind diese Symptomatiken oftmals stress- oder auch traumabedingt und können mitunter ein Ausmaß oder auch eine Qualität einnehmen, die der Notwendigkeit einer Behandlung durch einen entsprechenden Facharzt bedarf.
Hierzu zählen beispielsweise

- Verdauungsprobleme wie Durchfälle und Verstopfung,
- Hautausschläge wie Schuppenflechte, Neurodermitis, (unspezifische) Allergien oder auch Herpes,
- Schlafstörungen wie Einschlaf- und Durchschlafstörungen oder auch nächtliches Umherwandern,
- wiederauftretendes Einnässen am Tag oder auch in der Nacht,
- unklare (chronische) Schmerzsymptome wie Kopf- und Magenschmerzen,
- Epilepsie,
- Autoimmunerkrankungen
- etc.

Ein weiterer Aspekt können begleitende psychische Komorbiditäten sein, die aus der erhöhten Belastung, den wiederholt negativen Erfahrungen und dem Alltagsstress autistischer Menschen resultieren, jedoch nach Girsberger (2022) während einer Phase von Entlastung und Erholung auch wieder abklingen können.

In diesem Zusammenhang treten beispielsweise nachfolgende psychische Störungen oftmals in Verbindung mit einer Autismus-Spektrum-Störung auf (Noterdaeme, 2009):

- Aufmerksamkeits-Hyperaktivitätssyndrom (ADHS)
- Angststörungen
- Zwangsstörungen
- Oppositionelles und aggressives Verhalten
- Autoaggressives Verhalten
- Affektive Störungen einschließlich auch Depressionen
- Suchterkrankungen
- Intelligenzminderung
- Motorische Störungen
- Tic-Störungen
- etc.

Dabei vermögen auch diese begleitenden psychiatrischen Störungen dazu beitragen, dass die Alltagsbewältigung für Menschen im Autismus-Spektrum und deren Familien zusätzlich deutlich erschwert wird. Dennoch erscheint es zentral, dass auch komorbide Störungen erkannt, diagnostiziert und bei Bedarf entsprechend behandelt werden, da ein früher Therapiebeginn dazu verhelfen kann, dass begleitende Störungen nicht oder nur in geringerem Maße auftreten. Der Besuch eines Facharztes verbunden mit den häufig vorzufindenden Rahmenbedingungen (z. B. volle Wartezimmer, lange Wartezeiten trotz fester Terminvergabe) vermag jedoch für den autistischen Menschen einen zusätzlichen, zeitweise scheinbar unüberwindbaren Stressfaktor zu implizieren, da diese Praxen selten auf den Umgang mit Menschen im Autismus-Spektrum eingestellt sind bzw. über entsprechendes Fachwissen verfügen. Somit sind viele Ärzte auf die Verhaltensbesonderheiten autistischer Menschen nicht vorbereitet und haben in ihrem Behandlungsalltag auch häufig wenig Zeit und Raum auf die besonderen Bedürfnisse Rücksicht zu nehmen, was für alle Beteiligten durchaus herausfordernd werden kann.

In diesem Kontext sollten auch schließlich die regelmäßigen, zusätzlichen Termine zur Förderung und Behandlung autistischer Kinder und deren physischen und psychosozialen Auffälligkeiten und Einschränkungen nicht unerwähnt bleiben, da sie die Familien häufig an ihre finanzielle, organisatorische und zeitliche Belastungsgrenze bringen. Hierzu zählen beispielsweise Termine zur

- Frühförderung,
- Physiotherapie,
- Ergotherapie,
- Logopädie,
- Reittherapie,
- Autismus- und/oder Verhaltenstherapie
- etc.

Auch hier sind viele dieser Fachkräfte häufig nicht auf die Behandlung von autistischen Menschen spezialisiert, was nicht selten zu einer zusätzlichen Herausforderung und Belastung für alle Beteiligten werden kann. Hinzu kommt, dass die chronische Stressbelastung auch zu Folgeerkrankungen bei Eltern und Geschwisterkindern führen kann, die wiederum entsprechender Behandlung bedürfen, mitunter zu einem längerfristigen Ausfall eines Elternteils führen und auch irreparable oder dauerhafte Einschränkungen nach sich ziehen können.

Ängste und Selbstzweifel

Eine Vielzahl autistischer Menschen leidet unter (enormen) Ängsten und Selbstzweifeln, die sie in ihrem Alltag und ihrer Entwicklung stark blockieren und beeinträchtigen können und damit ihren persönlichen Leidensdruck zeitweise (scheinbar) bis ins Unendliche anwachsen lassen. So haben sie unter anderem Angst

- etwas falsch zu machen oder andere Menschen zu verletzen,
- (negativ) aufzufallen oder den Ansprüchen der anderen (oder auch der eigenen) nicht zu genügen,
- vor Kritik, Ablehnung, Vorurteilen und Beschimpfungen,
- vor Mobbing und körperlichen Übergriffen,
- vor Überforderung und dem (persönlichen) Scheitern,
- vor Veränderungen, Strukturlosigkeit, Spontanität oder auch Unplanbarkeit,
- vor den Menschen selbst, ihren Erwartungen und Anforderungen, (unkontrollierten) Berührungen, dem sozialen Miteinander etc.

Nach Außen vermögen autistische Menschen häufig zu »maskieren« und diese Ängste zeitweise gut zu verstecken, wirken dabei auf andere in manchen Situationen gar selbstbewusst, vorlaut oder auch unangreifbar, was sie und ihr Umfeld jedoch letztlich unendlich viel Energie kostet.

Die Ursachen dieser Ängste und Selbstzweifel sind vielfältiger Natur und sicherlich auf der einen Seite im Autismus-Spektrum selbst begründet. So führen bekanntermaßen die andere Wahrnehmung und Verarbeitung von Informationen, das nach außen hin abweichende Kommunikationsverhalten sowie ihre Verhaltensbesonderheiten im sozialen Miteinander häufig zu Missverständnissen, Fehlinterpretationen und damit faktisch zu dem Misslingen sozialer Kontakte. Fehlt hier der/die entsprechende Übersetzer/in oder auch eine adäquate Begleitung und Unterstützung, werden insbesondere autistische Kinder häufig schon frühzeitig ins soziale Abseits katapultiert und scheitern letzten Endes (scheinbar) an sich selbst und ihrem »Anders-Sein«. Ihnen wird damit sehr schnell bewusst, dass sie nicht mit anderen mithalten können. In ihren Augen sind sie anders, fühlen sich anders, nehmen ihre Umwelt anders wahr und werden auch anders von ihren Mitmenschen behandelt. Leider ist dieses »anders« für sie häufig jedoch gleichgesetzt mit falsch, defizitär oder auch unbedeutend, weil sie dies in der Gesellschaft viel zu oft vermittelt bekommen.

Eine weitere wichtige Ursache sind deshalb die mangelnde Akzeptanz und Toleranz ihrer individuellen Besonderheiten, ihre persönlichen (häufig negativen) Erfahrungen und das fortwährende Scheitern autistischer Menschen innerhalb der Gesellschaft. Mit jeder Kritik oder Verurteilung, jeder Therapie oder auch Intervention, die lediglich auf soziale Anpassung und damit auf Veränderung des autistischen Menschen ausgerichtet ist, werden diese ein wenig unsicherer und ängstlicher. Ihnen wird damit suggeriert, dass sie nicht richtig oder nicht gut genug sind, wie sie sind, als Mensch nicht zu genügen und sich deshalb verändern bzw. anpassen zu müssen, um von der Gesellschaft akzeptiert und anerkannt zu werden. Ihre individuellen Einschränkungen und begrenzten Ressourcen spielen in diesem Kontext scheinbar kaum eine Rolle. Dies kann sogar so weit gehen, dass diese Menschen fortwährend bei sich nach (vermeintlich) »sichtbaren und offensichtlichen« (äußeren) Makeln suchen, die sie wiederum zum Anlass nehmen, sich selbst immer wieder abzuwerten und schlecht zu machen. Dabei orientieren sich bereits autistische Kinder mitunter an gesellschaftlichen Rollenvorbildern, wie beispielsweise Models oder Profisportlern, in deren Schatten sie sich letztlich wie ein »hässliches Entlein« vorkommen (müssen) und an deren Leistung sie (scheinbar) niemals herankommen können, was die Selbstzweifel wiederum verstärkt, so dass sie sich am Ende in ihrem negativen Selbstbild oder ihrer Selbstwahrnehmung bestätigt fühlen.

Auch der individuelle Umgang mit der Angst kann bei (autistischen) Menschen wiederum – für Unbeteiligte manchmal äußerst irritierende und unerklärbare – Formen und Verhaltensweisen annehmen, weshalb diese beim Gegenüber meist auch gar nicht als solche erkannt oder gedeutet werden bzw. offensichtlich erscheinen. Für Eltern autistischer Kinder bedeutet dies wiederum im Alltag immer wieder mit unterschiedlichen Reaktionsweisen ihrer Kinder konfrontiert zu sein, die sie zunächst richtig einordnen und dann anschließend einen adäquaten Umgang damit finden müssen.

Dabei ist die Angstreaktion in ihren Grundzügen neurobiologisch festgelegt und verläuft sowohl im Gehirn als auch im Körper des/der Betroffenen im Wesentlichen unwillentlich und automatisiert, vereinfacht erklärt mit dem »Säbelzahntiger-Prinzip« (▶ Abb. 1.3):

Abb. 1.3: Das »Säbelzahntiger-Prinzip«

- Fluchtverhalten:
Autistische Kinder laufen (plötzlich) weg oder tun alles, um vor dem angstmachenden Reiz zu fliehen bzw. sich diesem zu entziehen. Dabei begeben sie sich nicht selten auch in Gefahr, indem sie beispielsweise »kopflos« über die Straße rennen oder bei der Flucht die Orientierung verlieren. Sie laufen damit ihrer Angst schlichtweg davon, verschwinden tut diese jedoch leider nicht. Ganz im Gegenteil: Mit jeder Flucht wird die Angst (und der damit verbundene Leidensdruck) meist ein wenig größer und unberechenbarer.

- Erstarrung:
  Autistische Kinder reagieren in diesen Momenten mit Rückzug, sind teilweise nicht ansprechbar, für ihr Umfeld kaum erreichbar. Dieses Verhalten wird jedoch häufig von außen als widerständig und provokativ wahrgenommen, obwohl sich diese Kinder faktisch für die Außenwelt »totstellen« oder auch »verschwinden« wollen, in der Hoffnung, die Angst/die Gefahr werde sie nicht finden und an ihnen vorüberziehen.
- Kampf:
  Manchmal sind gerade ängstliche und verunsicherte Menschen besonders laut und poltrig. Kinder, die am lautesten schreien und damit nach außen hin in ihrer Persönlichkeit selbstbewusst und stark erscheinen, haben häufig die größte Angst und werden infolgedessen von ihrer Umgebung völlig falsch eingeschätzt. Sie kämpfen äußerlich und innerlich gegen einen Gegner (ihre Angst), den sie scheinbar nicht besiegen können.

Die Auswirkungen und Konsequenzen auf die Familien sind immens und bleiben leider häufig im Verborgenen. Eltern tun im Alltag meist alles, um ihren autistischen Kindern den notwendigen Schutzraum zu geben, ihnen Halt und Sicherheit zu vermitteln und vor allem Verständnis für sie zu zeigen. Hierbei stoßen sie jedoch auch immer wieder an ihre persönlichen (Belastungs-)Grenzen und müssen darauf achten, gut für sich zu sorgen, um dauerhaft die Herausforderungen des Alltags bewältigen zu können. Verständnis oder Anerkennung erhalten sie innerhalb der Gesellschaft dafür nur sehr selten, obwohl sich viele Eltern genau dies von ganzem Herzen wünschen (▶ Kap. 4.2). Ganz im Gegenteil geraten sie durch ihr »sonderbares« Verhalten immer wieder in Erklärungs- und Rechtfertigungsnöte gegenüber Dritten. Die Ängste ihrer autistischen Kinder bleiben jedoch bestehen und sie als Eltern vermögen diese kaum zu reduzieren und stehen ihnen damit häufig ohnmächtig und hilflos gegenüber.

Gestörtes Schlafverhalten

Viele autistische Kinder weisen ein auffälliges oder gestörtes Schlafverhalten auf, was für Eltern dauerhaft sehr anstrengend sein und sie auch schnell an die Grenze ihrer Leistungsfähigkeit bringen kann. So schlafen viele Kinder im Autismus-Spektrum (jeder Altersklasse) beispielsweise

- nur schlecht oder gar nicht allein ein,

- wachen jede Nacht mehrfach auf und benötigen dann den Zuspruch oder die Rückversicherung der Eltern, um wieder in den Schlaf zurückzufinden,
- benötigen nur sehr wenig Schlaf oder
- haben scheinbar einen komplett anderen Tag-Nacht-Rhythmus.

Da bereits der Alltag mit autistischen Kindern in vielfältiger Weise sehr herausfordernd ist, benötigen jedoch gerade beide Elternteile ihren Schlaf, um sich von der Anstrengung zu erholen, neue Energien aufzutanken und am nächsten Tag für ihre Kinder wieder zu »funktionieren«. Immer wieder von dem autistischen Kind aus dem Tiefschlaf gerissen zu werden, gleicht damit auf die Dauer für viele Eltern einer »Folter« und kann deshalb bei ihnen nicht nur zu völliger Erschöpfung und Depressionen, sondern auch zu Aggressionen führen, vor allem dann, wenn die Eltern selbst Schwierigkeiten haben im Anschluss wieder einzuschlafen und infolgedessen lange wach bleiben. Ferner bringt ein dauerhafter Schlafentzug, wie es gerade in stressigen Phasen häufig der Fall ist, wenn das Kind abends oder nachts scheinbar gar nicht zur Ruhe kommen kann, Eltern nicht nur an ihre Belastungsgrenze, sondern kann auch weitreichende gesundheitliche Konsequenzen nach sich ziehen, die sie dann wiederum in ihrer Elternrolle erheblich einschränken können.

Ein weiterer Aspekt ist, dass durch die vermehrte Müdigkeit der Eltern auch ihre allgemeine Stresstoleranz zunehmend sinkt und ihr Anspannungsniveau dagegen dauerhaft ansteigt, was sich wiederum kontraproduktiv auf das Verhalten ihrer autistischen Kinder auswirkt, die auf solche Veränderungen häufig sehr sensibel reagieren. Diesen »Teufelskreis« (▸ Abb. 1.4) – trotz geringer Ressourcen – zu durchbrechen, erscheint für Eltern in manchen Phasen allein häufig kaum (noch) möglich.

Den individuellen Schlafrhythmus des autistischen Kindes auf den der vorhandenen Familienmitglieder »abzustimmen« unter Berücksichtigung der individuell benötigten Schlafdauer, dazu noch ein überschaubares Abend- und Einschlafritual für das Kind zu finden, bei dem die Eltern sich möglichst (langfristig) entfernen können, benötigt oftmals viel Zeit, Kraft, Geduld und Ausdauer auf Elternseite. Hinzu kommt, dass hier häufig (phasenweise) sehr ungewöhnliche und kreative Lösungen zum Ziel führen, die das gesamte Familiensystem zwar erheblich entlasten, von Außenstehenden wiederum jedoch hart kritisiert und verurteilt werden können. Anstatt in diesem Kontext auf Verständnis zu stoßen, werden Eltern (oder ihr Verhalten) vielmehr noch als Hauptursache des Schlafproblems gesehen, dessen Ausmaß und Auswirkungen auf alle Familienmitglieder dazu noch völlig unter-

1.2 (Verhaltens-)Besonderheiten des Kindes

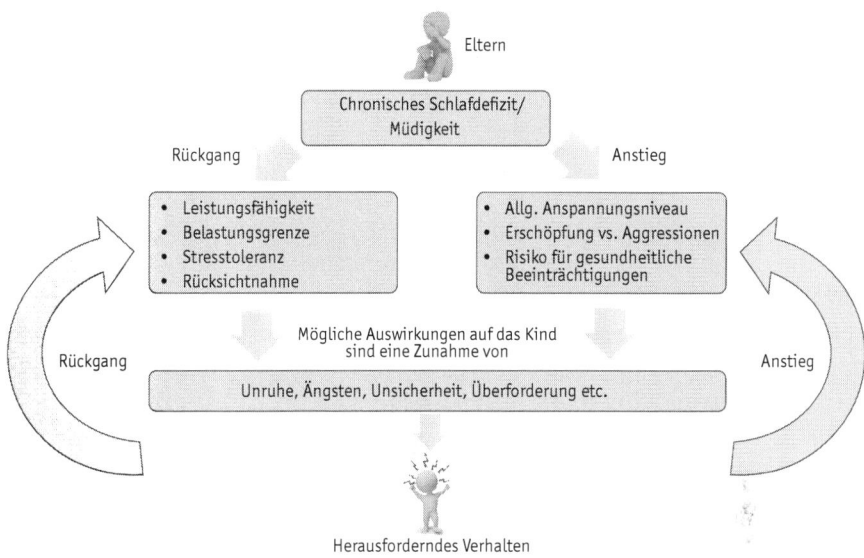

Abb. 1.4: Teufelskreis familiärer Erschöpfung

schätzt und dessen Komplexität damit nicht verstanden oder berücksichtigt wird. Die Folgen sind wiederum Erklärungs- und Rechtfertigungsversuche der Eltern, für die ihnen in diesen Phasen jedoch häufig die Kraft fehlen, so dass sie sich schlichtweg vor den Kritiker/innen zurückziehen bzw. isolieren und zu Hause im Stillen leiden.

1.2.12 Wunsch nach Freundschaften vs. sozialer Überforderung

Eine Vielzahl autistischer Kinder weisen diagnostisch bedingt im Alltag erhebliche Schwierigkeiten in der sozialen Interaktion auf, was ihnen insbesondere den Umgang mit Gleichaltrigen und damit den Aufbau tragfähiger Sozialkontakte und Freundschaften enorm erschwert. Aufgrund ihrer eingeschränkten Fähigkeit, sich in andere Personen hineinzuversetzen bzw. deren Intentionen und Gefühle zu erkennen und zu verstehen, verbunden mit häufig vorhandenen kommunikativen Beeinträchtigungen (▶ Kap. 1.2.6), kommt es in diesem Rahmen vermehrt zu Missverständnissen und Fehlinterpretationen, die eine erfolgreiche Kontaktanbahnung und Aufrechterhaltung verhindern können. Auch das oftmals durch Situationskontrolle geprägte Kontaktverhalten, die mangelnde Spontanität und Flexibilität im Umgang mit anderen Menschen sowie ihr meist »ungewöhnliches« Spielverhalten machen es autistischen Kindern nicht leicht, von sich aus tragfähige soziale Kontakte aufzubauen und diese adäquat und gleichberechtigt zu gestalten, so dass beide Seiten voneinander profitieren.

Zahlreiche soziale Kompetenzen, welche zum Aufbau und zur Aufrechterhaltung von Freundschaften benötigt werden, werden dabei von autistischen Kindern im Laufe ihrer Entwicklung oftmals nicht intuitiv oder durch Nachahmung gelernt, sondern sie sind vielmehr dazu aufgefordert, sich diese kognitiv zu erarbeiten und durchgehend im Alltag zu erproben. Dazu benötigen sie, neben der kontinuierlichen Anleitung und Unterstützung ihrer Eltern und Geschwister, auch adäquate Rahmenbedingungen und Schutzräume, um ihre eigenen Ängste und Unsicherheiten ablegen und sich auf neue Kontakte einlassen zu können.

Dabei bleibt ihnen jedoch im Alltag der Zugang zu einer außerschulischen Betreuung, zu Vereinen oder anderen Freizeitaktivitäten, bei denen sie unverfänglich zu Gleichaltrigen Kontakt aufnehmen können, häufig – mangels individueller Ressourcen des Kindes oder auch aufgrund fehlender Unterstützung und Anleitung durch geeignete Bezugspersonen – verwehrt, so dass autistische Kinder den Großteil ihrer Freizeit innerhalb der Familie verbringen, was wiederum dauerhaft für alle Beteiligten auch eine enorme Belastung darstellen kann. Aufgrund fehlender Außenkontakte oder auch dem Ausbleiben von Freundschaften, erscheint damit auch der Sozialraum vieler autistischer Kinder sehr begrenzt und es verbleiben ihnen im Alltag wenige Lernräume, in denen sie sich – möglichst gefahrlos oder auch mit entsprechender Anleitung und Hilfestellung – ausprobieren und weiterentwickeln können.

Nach Schmidt (2018) ist jedoch eine erfolgreiche Teilnahme an der sozialen Interaktion von Gruppen der Schlüssel zu einer positiven Entwicklung von autistischen Menschen, da seiner Ansicht nach »soziale Interaktion nur durch soziale Interaktion erlernt werden kann«.

Trotz zahlreicher Probleme oder auch Ängste, die sich mitunter im Zusammensein mit anderen Menschen auftun, sehnen sich viele autistische Kinder nach Freund/innen, Spielkamerad/innen sowie nach Aufmerksamkeit und Beachtung vonseiten der Peergroup. Bleiben diese aus, wächst auf ihrer Seite nicht selten auch der Leidensdruck und die Verzweiflung, was sicherlich auch nicht spurlos an Familienangehörigen vorbeigeht. So suchen viele autistische Kinder immer wieder aktiv den Kontakt zu anderen Kindern und versuchen, mit diesen im Alltag mithalten zu können. Dabei müssen sie jedoch viel zu häufig (noch) erkennen und akzeptieren, dass sie bestimmte Leistungen (vor allem in Bezug auf die soziale Interaktion) nicht zu erbringen vermögen bzw. hier wiederholt – aufgrund ihrer besonderen Wahrnehmung, ihrer eingeschränkten Motorik sowie (kommunikativer) Missverständnisse und Fehlinterpretationen – an ihre Grenzen stoßen. Auch ihr häufig tagesformabhängiges und damit begrenztes Leistungsvermögen, was sie zusätzlich dazu zwingt mehr Ruhephasen und Pausen einzulegen und neben der Schule weniger Kraftreserven für nachmittägliche Aktivitäten oder auch Freundschaften zur Verfügung zu haben, lassen sie oftmals zum/zur Einzelgänger/in werden, was wiederum ein Nährboden für Selbstzweifel darstellt, da sie sich im Vergleich zu Gleichaltrigen nicht selten »ungeliebt« und »ausgegrenzt« fühlen.

Die Familie ist in diesem Kontext wiederum gefordert, das autistische Kind immer wieder aufzufangen, aufzubauen und zu ermutigen, auch bei negativen Erfahrungen nicht aufzugeben und weiterzumachen. Darüber hinaus gilt es genau zu beobachten, zu welchen Zeiten soziale Kontakte ermöglicht und auch gefördert werden können, um ihren autistischen Kindern neben der Familie einen sozialen Lernraum zu ermöglichen. Auch das Vor- und Nachbesprechen von sozialen Begegnungen gehört dabei zum familiären Alltag dazu, um die Erfahrungen (innerlich) zu verarbeiten, für sich richtig einordnen zu können und damit dauerhaft einen nachhaltigen Lerneffekt zu erzielen. In diesem Zusammenhang vermag auch die Gestaltung, Organisation und Durchführung sozialer Begegnungen mit ihrem autistischen Kind für Eltern durchaus intensiv, kräftezehrend und vielmehr noch herausfordernd sein, da für einen »erfolgreichen«, möglichst konflikt- und störungsfreien Kontakt zahlreiche Voraussetzung und Rahmenbedingungen zu berücksichtigen sind, wie beispielsweise

- die Auswahl geeigneter (sozial kompetenter) Kontaktpersonen, die das autistische Kind mögen und auch aushalten können,
- die zeitliche Begrenzung der Kontakte, um beide Seiten nicht zu überfordern,
- die Einplanung von Erholungspausen,
- die Erstellung eines Ablaufplanes mit geeigneten Aktivitäten,
- die kontinuierliche Anleitung, Begleitung und Unterstützung bei der Kommunikation und im gemeinsamen Spiel, um Missverständnissen und daraus resultierenden Eskalationen möglichst rechtzeitig entgegenzuwirken
- etc.

Dabei ist es für Eltern das oberste Ziel, dass alle Beteiligten mit einem guten Gefühl oder auch einer positiven Erfahrung aus dem gemeinsamen Kontakt hervorgehen und das Interesse daran besteht, diesen zu gegebener Zeit zu wiederholen oder auch zu intensivieren, was sie zusätzlich noch unter Druck setzt. In diesem Zusammenhang muss jedoch auch berücksichtigt werden, dass soziale Kontakte für autistische Kinder in der Regel sehr anstrengend sind, so dass sie nicht zu oft stattfinden können, immer auch entsprechende Erholungszeiten im Anschluss an ein Treffen eingeplant werden und Eltern zudem damit rechnen müssen, dass sie im Nachgang wieder als »Tankstelle« für ihr Kind fungieren müssen.

Auf der anderen Seite gibt es jedoch auch autistische Menschen, bei denen schon die pure Anwesenheit anderer (fremder) Menschen Stress erzeugen, zu großer Verunsicherung oder auch maßloser Überforderung führen kann.

> *Ganz schlimm sind Berührungen, vor allem dann, wenn sie unabsichtlich oder unangekündigt geschehen. Viele Autisten haben eine extreme Angst davor, unerwartet angefasst zu werden. Im Alltag zusammen mit vielen anderen Menschen sind solche kurzen körperlichen Kontakte jedoch unvermeidlich [...]. Es ist nicht nur die Angst vor anderen versehentlich berührt zu werden, die dazu führt, dass sich autistische Menschen in der Gesellschaft anderer unwohl/unsicher fühlen. Hinzu kommt oft eine geistige Überforderung. Andere Menschen bedeuten für Autisten immer geistige Arbeit, die bei länger andauerndem Beisammensein zum chronischen Stress und schließlich zur Überforderung und herausfordernden Verhaltensweisen führen kann. (Schuster, 2020, S. 29f.)*

Viele autistische Kinder haben zudem große Schwierigkeiten im direkten Zusammensein auf ihr Gegenüber (spontan) adäquat einzugehen, immer wieder Kompromisse zu schließen bzw. dessen Erwartungen oder Ansprüche zu erfüllen, was von ihnen wiederum auch als sehr belastend, schlichtweg überfordernd oder auch als sehr unangenehm empfunden werden kann. Gerade das unvorhersehbare, spontane, unkontrollierbare und unstrukturierte Verhalten anderer Kinder vermag sie dauerhaft zu ängstigen und zu verunsichern, was ihr Interesse an anderen Kindern oder auch Freundschaften durchaus einschränken kann. Innerhalb der Familie genießen sie meist den besonderen Schutz und die Rücksichtnahme, um sich in ihrem Tempo weiterentwickeln zu können, zahlen dabei jedoch nicht selten auch den Preis der Isolation. Infolgedessen können Sozialkontakte und Freundschaften nach Schuster (2020) für autistische Kinder nicht nur wohltuend und förderlich, sondern durchaus auch problematisch werden. Gerade Kinder, die im Sozialverhalten ungeschickt und noch unerfahren sind, werden ihrer Beobachtung nach entweder leicht zu Opfern (Ausnutzung) oder reagieren aus Überforderung überimpulsiv und mit Gewalt, was sie wiederum in eine Außenseiterrolle zwingt. Zudem vermögen sie oftmals weder mit Konflikten adäquat umzugehen, noch wissen sie sich zu helfen, wenn sie gehänselt oder gemobbt werden, wofür sie wiederum durch ihre Isolation innerhalb der Gesellschaft sehr anfällig sind.

Ein weiteres Problem stellt auch das mangelnde Risiko-/Gefahrenbewusstsein und die (vermeintliche) Naivität autistischer Kinder dar, mit der sie an ihr Gegenüber herantreten. Nach Schuster (2020) fassen sie mitunter zu schnell Vertrauen zu anderen und erkennen deren Absichten nicht, sind zu leichtgläubig und können auch dadurch in missliche Lagen geraten. So kann es durchaus vorkommen, dass andere Kinder diese Schwäche ausnutzen und das Kind zu Streichen, riskantem Verhalten oder anderem Fehlverhalten anstiften, ohne dass das autistische Kind die Zusammenhänge erkennt.

Für Eltern ist es deshalb auch immer wieder eine Gratwanderung, inwiefern und in welchem Ausmaß sie ihrem autistischen Kind Hilfestellungen für Außenkontakte geben, um es einerseits vor negativen Erfahrungen und dem wiederholten Scheitern zu schützen, ihm aber anderseits auch soziale Lernräume zu eröffnen, die es nur innerhalb der Peergroup finden kann und die dem Aufbau des Selbstbildes und Selbstvertrauens des Kindes dienlich sind, ohne es dabei jedoch anhaltend zu überfordern. Ferner dienen (regelmäßige) positive Außenkontakte letztlich auch immer der Entlastung des familiären Systems, so dass alle Beteiligten Zeit zum Auftanken wichtiger Kraftreserven finden können.

Spielverhalten

Betrachtet man das Spielverhalten autistischer Kinder, so wird es von Außenstehenden (phasenweise) häufig als sonderbar, ungewöhnlich oder auch verwunderlich wahrgenommen und bewertet. Von klein auf besitzen viele autistische Kinder die Gabe sich scheinbar stundenlang allein – meist auf ungewöhnliche Art und Weise – mit einem kleinen Detail eines Gegenstands zu beschäftigen, diesen in all seinen Facetten zu analysieren, zu erforschen und wahrzunehmen. Dieses Verhalten, auch »Stimming« genannt, dient wiederum häufig der Entspannung und Beruhigung, in dem es ihnen ermöglicht, sich für einen kurzen Moment von (unkontrolliert) auf sie einprasselnden Außenreizen abzuschirmen und schwierige Situationen damit aushaltbar zu machen.

Im weiteren Entwicklungsverlauf vermögen einige autistische Kinder häufig gerne lange, intensiv und ausdauernd zu spielen und in ihren eigenen, ganz persönlichen Spielen große Erfüllung zu finden. Ist ihr Spielverhalten dann noch mit ihren Spezialinteressen verknüpft, sind sie in der Lage mit einer erstaunlichen Kreativität und Ausdauer um sich herum ganze Welten neu zu erschaffen und sich scheinbar in diesen zeitweise zu verlieren. Darüber hinaus suchen sie in diesem Kontext oftmals auch Mitstreiter/innen und sind damit – zumindest zeitweise – in der Lage Außenstehende in ihre Welt einzuladen, diese mitzureißen und sie für die eigenen Themen zu begeistern. Lassen Eltern oder Geschwisterkinder sich auf ihr besonderes Spiel, verbunden mit ihrem individuellen und starren Regelwerk, dem detailliert erdachten Spielverlauf, ihren Rollenzuschreibungen und -zuteilungen, widerstandslos ein, tauchen sie gleichzeitig mitten in ihre Welt mit all ihren schillernden Facetten. Dabei können autistische Kinder einerseits ihre Spielpartner/innen in ihren Bann ziehen, sie mit ihrer Fröhlichkeit und Begeisterungsfähigkeit anstecken und sie für kurze Zeit den Alltag völlig vergessen lassen. Auf der anderen Seite neigen sie jedoch auch dazu durch ihr zeitweise äußerst ungewöhnliches Spiel, verbunden mit ihren komplexen Denkstrukturen, ihr Umfeld völlig zu überfordern oder gar zu überrollen.

Diese Form des »miteinander« Spielens erscheint für die (soziale) Entwicklung autistischer Kinder jedoch besonders wichtig zu sein. Die bis ins Detail vorgeplanten Spielabläufe und die scheinbar unflexible Regelstruktur ist für Außenstehende nicht immer sinnvoll und nachvollziehbar, verschafft den betroffenen Kindern jedoch Sicherheit, Struktur und Vorhersagbarkeit. Dies sind die kurzen Momente in ihrem Alltag, in denen sie sich zugehörig und akzeptiert und nicht wie Sonderlinge fühlen. Dies sind die Augenblicke, in denen sie sich für ihre Umwelt gefahrlos öffnen und zeigen können, da sie Situationskontrolle besitzen und ihre Ängste damit in den Hintergrund rücken können. Dennoch ist diese Form des Spielens für Außenstehende – insbesondere Eltern und Geschwisterkinder – durchaus sehr anstrengend und deshalb nur begrenzt auszuhalten, sowohl kognitiv als auch psychisch. Ferner wirkt das Spiel mitunter auch auf sie verwunderlich, phasenweise grenzüberschreitend und wird häufig als unfair oder egoistisch empfunden, da das autistische Kind immer wieder als vermeintliche/r Bestimmer/in auftritt, nicht verlieren kann und darüber hinaus häufig nicht in der Lage erscheint, sich auf die Ideen und Vorschläge seiner Mitmenschen einzulassen, was auf die Dauer die Begeisterung und den Spaß am Spiel sehr stark einschränken kann. Das Risiko des Spielabbruchs oder auch der Ablehnung und Abwertung des autistischen Kindes ist in diesen Phasen deutlich erhöht und erfordert wiederum bestenfalls der Anleitung, Übersetzung, dem Schutz und auch der Vermittlung durch ihre Angehörigen, um dauerhaft den Kontakt zu den Mitstreiter/innen aufrecht erhalten zu können und ihnen gegenseitig einen Einblick und ein besseres Verständnis ihrer unterschiedlichen Welten zu ermöglichen. Nur dann vermögen beide Seiten von dem Spiel des autistischen Kindes zu profitieren.

1.2.13 Die Familie als sicherer Hafen, Tankstelle und Blitzableiter

Vielen autistischen Kindern dient die Familie in erster Linie als sicherer Hafen, in dem sie Ruhe finden, sich erholen und neue Kraft tanken können. Hier brauchen sie sich (bestenfalls) nicht zu verstellen, werden in ihrem Sein und ihrer Wahrnehmung verstanden und akzeptiert, ohne fortwährend kritisiert oder verurteilt zu werden. Damit dies gelingt, ist das gesamte Familienleben häufig unter anderem geprägt durch Listen, klare (berechenbare) Strukturen und Absprachen, detaillierte Tages-, Wochen- und Ablaufpläne, jeweils angepasst auf die individuellen Bedürfnisse und die Tagesform des autistischen Kindes, um ihm/ihr im Alltag die notwendige Orientierung und Sicherheit zu geben und vorhandene Ängste zu reduzieren. Der Aufwand hierfür ist teilweise immens und kostet Eltern in der Vorbereitung und Erstellung derselben viel Kraft, was wiederum nach außen hin jedoch häufig nicht gesehen oder verstanden und im schlimmsten Fall noch negativ bewertet wird. Dennoch scheint sich dieser Aufwand längerfristig auszuzahlen, da diese Listen und Pläne zeitweise ein annähernd »normales« und entspanntes Familienleben ermöglichen und das Überleben des Kindes in einer scheinbar unkalkulierbaren Welt sicherstellen können.

Außerhalb des familiären Systems fehlt autistischen Kindern oftmals der innere Kompass, um sich zurechtzufinden und sicher zu fühlen. So vermögen beispielsweise unvorhersehbare Veränderungen innerhalb ihrer wohl einstudierten Abläufe und Routinen (▶ Kap. 1.2.10) ihre eigene detaillierte Konstruktion der Wirklichkeit außer Kraft zu setzen und die von der Gesellschaft erwartete Anpassung ihre sehr begrenzten Ressourcen und Energien zu verbrauchen, die ihnen dann an anderer Stelle nicht mehr zur Verfügung stehen. Selbst vermeintlich »einfache« Alltagshandlungen können daher für diese Kinder eine enorme Belastung darstellen, die sie entweder gar nicht (mehr) oder nur noch mit sehr viel Mühe zu bewältigen vermögen. Ihre (innere) Sicherheit und Stabilität gerät dadurch häufig sehr schnell ins Wanken, so dass sie zwingend auf die Hilfe und Unterstützung ihrer Familie angewiesen sind, die sie – wie ein Leuchtturm durch den Sturm – zurück in sichere Gefilde zu bringen vermag.

Die Familie fungiert in diesen kritischen Momenten schlichtweg als Blitzableiter, welcher die aufgestaute (negative) Energie des Kindes auffängt und durch Kanalisierung derselben entsprechend unschädlich macht. Dabei kann es sein, dass das autistische Kind bis zur letzten Minute nach außen hin (noch) vermeintlich »funktioniert«, sobald es jedoch scheinbar die Türschwelle des Zuhauses überschreitet, völlig explodiert oder auch in sich zusammenbricht (Meltdown/Shutdown, ▶ Kap. 1.2.2). Dieses »Türschwellen-Phänomen« ist dabei häufig ein wiederkehrender Prozess, der für Außenstehende in der Regel nicht erkennbar, für alle Familienmitglieder zeitweise jedoch kaum auszuhalten und sehr kräftezehrend ist. Hinzu kommt, dass autistische Kinder im Alltag generell deutliche Stresssymptome (Unruhe, Gereiztheit) und Überforderungstendenzen aufweisen, die sie dann jedoch kompensatorisch auf ihr ganzes (familiäres) Umfeld übertragen und es damit dauerhaft herausfordern können. Die Familie fungiert an dieser Stelle (scheinbar) wie ein Schwamm, der die negativen Energien aufsaugt und die Last des Kindes damit auf mehrere Schultern verteilt.

Für autistische Kinder erscheint die Welt um sie herum häufig als chaotisch und voller Missverständnisse und sie selbst fühlen sich oftmals unverstanden, ausgegrenzt und nicht zugehörig, was zunehmend ihrerseits auch zu Ärger und Frustration führen kann. Die Familie ist damit manchmal der einzige Ort, an dem sich autistische Kinder geliebt und geborgen fühlen, an dem sie so sein können und dürfen, wie sie sind, an dem sie sich selbst und ihre Maske aus Anpassung fallen lassen können. Dennoch stellt dieser Aspekt an alle Familienmitglieder eine enorme Herausforderung, die sie an manchen Tagen an ihre Belastungsgrenzen führt. Denn Sicherheit zu geben, bedeutet für Eltern in diesem Kontext z. B.

- das Kind in all seinen (extremen) emotionalen Zuständen immer wieder (vorurteilsfrei und verständnisvoll) auszuhalten und einzufangen,
- das Kind vor Selbstschädigung oder der unabsichtlichen Schädigung Dritter zu schützen,
- die Rahmenbedingungen für das Kind immer wieder (tagesformabhängig) individuell anzupassen und ihm eine stabile Struktur anzubieten, in der es sich (allein) zurechtfindet,
- dem Kind Erklärungsmodelle und alternative Verhaltensweisen anzubieten, die es ihm ermöglichen die Welt ein bisschen besser zu verstehen,
- das Kind vor den Verurteilungen, der Intoleranz und der Abwertung Außenstehender und damit seinen eigenen Selbstwert zu schützen,
- dem Kind den Raum der Erholung und des Krafttankens zu geben, den es braucht, um auch den morgigen Tag unbeschadet zu überleben.

Aber auch das autistische Kind selbst kann in zahlreichen Situationen von sich aus seinen individuellen Sicherheitsanker einfordern, an dem es sich orientiert, entlanghangelt und damit den persönlichen Stress reduziert. Dies kann sich beispielsweise darin äußern, dass es sich permanent bei vorhandenen Bezugspersonen rückversichert, was für diese jedoch auch dauerhaft zu einer enormen Belastungsprobe werden kann, die nach außen hin meist unsichtbar ist.

Steht unser Kind unter starker Anspannung, Stress oder unter vermehrtem Druck, neigt es dazu, sich wiederholt durch scheinbar »absurde« oder auch »kontextlose« Fragen bei uns rückzuversichern, ohne dass man ihn in diesem Prozess zu stoppen vermag.

»Habe ich an den Händen etwas, was mein Buch kaputt machen kann? Bist Du Dir wirklich sicher, dass da nichts ist? Kannst Du bitte nochmals schauen? Also das Buch geht davon auf keinen Fall kaputt, ich muss mir also keine Sorgen machen? Zum Glück ist ja alles in Ordnung, oder Mama? Es besteht damit keine Gefahr, oder? Das Buch geht sicher nicht kaputt...? Du bist Dir wirklich ganz sicher...?«

Diese immer wiederkehrenden Situationen können einen manchmal an den Rand des Wahnsinns bringen, zumal man als Elternteil auch den Leidensdruck dahinter verspürt, den das eigene Kind auszuhalten hat.

Eltern bringen in diesen Situationen immer wieder Verständnis für ihre autistischen Kinder auf, um die Sorgen, Ängste und den damit verbundenen Stress möglichst zu reduzieren und das Kind am Ende zu entlasten. Letztlich zeigen diese Aspekte umso deutlicher, wie schwer es vielen autistischen Kinder fällt sich in der Gesellschaft zurecht zu finden, nicht die Orientierung zu verlieren und (bestenfalls) ein Teil derselben zu werden. Eltern hingegen mögen diese spezifische Herausforderung ihres Kindes nur ansatzweise zu kompensieren, in dem sie ihm/ihr immer wieder zu vermitteln versuchen, dass

- es gut so ist, wie es ist,
- es auch ganz viele Stärken und Talente in sich trägt,
- sie als Eltern wahnsinnig stolz auf es sind und sehen, was es täglich leisten muss, um annähernd mithalten zu können,
- sie es genauso lieben, wie es ist, und sie froh sind, an seinem/ihrem Leben teilhaben zu dürfen,
- es für sie etwas ganz Besonderes ist und sie ihn/sie niemals eintauschen würden
- etc.

Diese zentrale Funktion erfordert von den Eltern letztlich ein hohes Maß an Selbstfürsorge, um für ihre autistischen Kindern jeden Tag aufs Neue als sicherer Hafen, Tankstelle und Blitzableiter zur Verfügung zu stehen und nicht selbst an der Herausforderung zu zerbrechen.

1.2.14 Jedes Verhalten hat seinen Grund!

Eltern werden im Familienalltag häufig mit herausfordernden Verhaltensbesonderheiten ihrer autistischen Kinder konfrontiert, wobei die Ursachen oder auch Auslöser des Verhaltens nicht immer offensichtlich erscheinen bzw. in deren unmittelbaren Einflussbereich liegen. Jedes Verhalten des Kindes hat damit (s)einen Grund und passiert in der Regel nicht aus einer Bösartigkeit oder Regellosigkeit heraus und ist gar persönlich gemeint oder gegen eine bestimmte Person gerichtet. Vielmehr entstehen Aggressionen oder auch Impulsivität häufig aus Überforderung, Angst oder auch Hilflosigkeit, die das autistische Kind nur bedingt willentlich steuern kann.

Die Herausforderung für Eltern liegt in diesen Situationen immer wieder darin, im Sinne ihres autistischen Kindes (pro-)aktiv zu werden, Verantwortung zu übernehmen und das Kind manchmal auch vor sich selbst schützen zu müssen, da sie häufig diejenigen sind, die (in den jeweiligen Momenten) über mehr Handlungskompetenz, Überblick und Kontextwissen verfügen. Hinzu kommt, dass sie in der Regel nicht erwarten können, dass sich ihr autistisches Kind (sofort) einsichtig zeigt und von selbst das herausfordernde Verhalten zu stoppen vermag. Häufig werden die Zusammenhänge nicht verstanden bzw. unmittelbare Konsequenzen ihres Handelns erkannt, so dass die Kinder mit den negativen Reaktionen ihres Umfeldes auf ihr Verhalten völlig überfordert scheinen. Ausgesprochene Strafen sind in diesem Kontext eher kontraproduktiv und führen lediglich zu weiterer Verunsicherung und Selbstzweifeln auf Seiten des Kindes, da es die Hintergründe nicht versteht. Damit haben sie in der Regel auch keinen dauerhaften Lerneffekt (▶ Kap. 3.1.4).

Richtet sich die Aggression des autistischen Kindes gegen die Eltern oder auch einen Elternteil – wie es häufig der Fall ist –, fällt es beiden in der Regel schwer in der jeweiligen Situation ruhig zu bleiben, die Fassung zu bewahren und nicht sofort Partei füreinander zu ergreifen, um die Lage nicht noch weiter zu eskalieren. Dabei wird die Geduld der Eltern häufig in einem Maße strapaziert, dass es ihnen mitunter große Mühe bereitet, sich im Nachgang nicht verletzt zu fühlen und das Verhalten des Kindes als persönlichen Angriff zu werten, was sie wiederum innerfamiliär sehr schnell an ihre Belastungsgrenze bringen kann. Sie sind damit durchweg gefordert, Verständnis für ihre autistischen Kinder aufzubringen, da sie bestenfalls über das notwendige Fachwissen verfügen, um die Verhaltensweisen ihres autistischen Kindes richtig einordnen und diese damit als Teil seiner Beeinträchtigung sehen zu können.

> *Oft müssen wir als Eltern für die Ausbrüche unserer Kinder und Jugendlichen herhalten, weil einfach niemand sonst da ist, dem sie den Frust einfach mal so unbedarft vor die Füße kippen können. Tief in ihrem Inneren wissen unsere Kinder, dass das Band zu uns das sicherste und intensivste ist – und so paradox es klingen mag, gerade deshalb muten sie uns in manchen Situationen ihre Not zu, indem sie uns gelegentlich im wahrsten Sinne des Wortes vor die Füße kotzen, herausschreien und auf uns einschlagen. Sie haben dieses tiefe Vertrauen, dass wir uns trotzdem nicht abwenden und bei ihnen bleiben werden.* (Bauerfeind, 2018, S. 124)

Wurde nach mühsamer Suche eine mögliche Ursache oder auch ein potenzieller Auslöser für das Verhalten des autistischen Kindes gefunden, ist der Weg oder auch die Arbeit für Eltern noch lange nicht beendet. Nun beginnt die herausfordernde Suche nach möglichen Lösungs- oder auch Verhaltensalternativen, die dann wiederum im Familienalltag entsprechend eingeübt, etabliert und generalisiert werden müssen. Hinzu kommt, dass sich bestimmte Verhaltensweisen oder auch Auslöser zu bestimmten Zeiten und von Elternseite auch nur bedingt bis gar nicht beeinflussen lassen, so dass es für diese auch immer gut abzuwägen gilt, wie dringend der Handlungsbedarf »tatsächlich« erscheint, wie die Prioritäten zu setzen sind und wie viel Ressourcen allen Beteiligten zum jeweiligen Zeitpunkt dafür (noch) zur Verfügung stehen.

Für Ursachen und Auslöser, die außerhalb der Familie liegen, stellt sich die Situation für Eltern noch sehr viel herausfordernder dar, da eine Veränderung häufig auch eine intensive und kräftezehrende Auseinandersetzung mit dem jeweiligen Umfeld bedarf. Auch sind die Gründe für herausforderndes Verhalten häufig für Außenstehende nicht offensichtlich und werden damit nicht wahrgenommen, unterschätzt oder gar verleugnet. Der Blick und die anhaltende Kritik richten sich dann vielmehr ausschließlich auf das herausfordernde Verhalten des autistischen Kindes (oder auf die Erziehung der Eltern), die eigenen Anteile oder auch die persönliche Verantwortung an der jeweiligen Situation werden dabei vollkommen ausgeblendet (▶ Kap. 3). Eltern bleibt in diesen Situationen letztlich nur Ruhe zu bewahren und Aufklärung zu betreiben, wohl wissend, dass sie dabei nur selten gehört oder verstanden, wenn nicht sogar belächelt werden. So vermag in vielen Fällen die größte Herausforderung häufig nicht das Verhalten des autistischen Kindes selbst zu sein, sondern die unmittelbaren Reaktionen des Umfeldes bzw. der Umgang anderer damit.

1.2.15 Das Geschenk autistischer Kinder

Besondere Kinder stellen Eltern und die Geschwister im Alltag auch immer wieder vor besondere Herausforderungen, mit denen sie im Laufe der Zeit als Familie bestenfalls konstruktiv umzugehen lernen und dadurch enger zusammenwachsen. In diesem Kontext vermögen autistische Kinder ihrer Familie einen völlig neuen Blick auf diese Welt zu eröffnen, der ihnen ohne sie schlichtweg verborgen bliebe und sie immer wieder in Erstaunen versetzen kann.

Das Autismus-Spektrum ist demzufolge nach Theunissen (2014) keine »Summe aus Defiziten«, sondern beinhaltet für viele betroffene Menschen und deren Angehörige auch zahlreiche Ressourcen, die sie letztlich zu wertvollen Persönlichkeiten dieser Gesellschaft machen können. Dazu zählen nach Schuster (2020) mitunter

- Loyalität und Zuverlässigkeit:
  Hat ein autistisches Kind den Ablauf oder eine Regel verstanden und verinnerlicht, kann man sich häufig auch darauf verlassen, dass es sich (penibel) an diese/n hält.
- Ein ausgeprägter Gerechtigkeitssinn:
  Das autistische Kind zeigt sich oftmals sehr bedacht, dass sich seine/ihre Mitmenschen an vereinbarte Regeln/Absprachen halten, kontrolliert die Einhaltung derselben und scheut in diesem Zusammenhang auch nicht die offene Konfrontation mit »Regelbrecher/innen« bzw. deren »Sanktionierung«, um diese durchzusetzen.
- Ein Spiegelbild eigener Ambivalenzen und Widersprüchlichkeiten im System:
  Autistische Kinder haben sehr feine Antennen, spüren deshalb häufig sehr schnell, wenn etwas in ihrem Umfeld nicht stimmt, und scheinen dann darauf auch unmittelbar zu reagieren. Sie können ihren Mitmenschen damit auch eine Einladung zur Selbstreflexion bieten, um eigene Handlungs- oder Reaktionsweisen oder auch gewohnte Abläufe und eingefahrene (mitunter widersprüchliche) Strukturen zu überprüfen, kritisch zu hinterfragen und gegebenenfalls anzupassen.
- Große Leistungsbereitschaft insbesondere, wenn es um das Spezialinteresse geht:
  Je nach Themenwahl und Interesse vermag das Umfeld sehr viele neue und spannende Dinge zu erlernen und durch wiederholte Vorträge des autistischen Kindes sich mitunter auch spezifisches Fachwissen anzueignen.

- Ehrlichkeit und Offenheit:
Ehrlichkeit und Offenheit erfolgen häufig sehr direkt und unbeschönigt, womit nicht jede Person umgehen kann. So weisen autistische Kinder beispielsweise ihre Mitmenschen auch ungefiltert und ohne böse Absichten auf Fehler und Mängel hin, um ihnen die Chance zu geben, diese zu verbessern und die Welt damit (noch) ein wenig schöner zu machen. Das Gegenüber weiß somit genau und ungefiltert, woran es bei diesem Kind ist und hat die Möglichkeit sich damit konstruktiv auseinanderzusetzen.
- Sorgfältigkeit und Gewissenhaftigkeit:
Autistische Kinder sind häufig kleine Perfektionist/innen, die stets darauf bedacht sind, die bestmögliche Leistung zu erbringen bzw. ein möglichst optimales Ergebnis für alle zu erzielen.
- Hohe Merkfähigkeit bis hin zu einem fotografischen Gedächtnis:
Autistische Kinder haben oftmals ein schnelles Auffassungsvermögen und eine sehr gute Detailwahrnehmung, so dass sie beispielsweise lange Gedichte bereits nach kürzester Zeit wiedergeben oder sich auch nach Jahren noch detailliert an bestimmte Ereignisse oder Erlebnisse zurückerinnern können und damit ihr Umfeld zum Erstaunen bringen.

Eltern und Geschwisterkinder vermögen deshalb in der intensiven Auseinandersetzung mit ihren autistischen Familienmitgliedern – trotz der zahlreichen Herausforderungen – auf lange Sicht durchaus von ihnen profitieren. So kommt beispielsweise eine klare und eindeutige Prioritätensetzung im Familienalltag, um einer dauerhaften Reizüberflutung und Überforderung des autistischen Kindes vorzubeugen, letztlich allen Familienmitgliedern zugute. Das autistische Kind vermag ihnen damit schlichtweg auch zu offenbaren, was in dieser Welt wirklich wichtig ist und was es vielleicht gar nicht braucht, um auf Dauer ein zufriedenes, erfülltes und glückliches Leben zu führen. Sich im Leben auf das Wesentliche zu konzentrieren und sich auch wieder an den kleinen Dingen des Alltags mit Dankbarkeit zu erfreuen, kann dazu führen, dass alle Beteiligten mit der Zeit auch gelassener, geduldiger und toleranter mit sich selbst, ihren eigenen Ansprüchen und ihren Mitmenschen werden und einen anderen Blick auf ihre individuellen »Alltagsprobleme« werfen, was wiederum sehr entlastend und befreiend sein kann.

Ferner ist der Alltag mit autistischen Kindern selten »langweilig«, da jeder Tag aufs Neue auch neue Herausforderungen oder Perspektiven bereithält, die bewältigt und gesehen werden wollen. Eltern entwickeln in diesem Kontext häufig enorme Fähigkeiten zum Planen und zum Schaffen neuer Strukturen und lernen, sich in Geduld zu üben, da manche Entwicklungen einfach Zeit und Muße benötigen. Ihnen wird hierbei immer wieder bewusst, dass sich Fortschritte nicht beschleunigen oder erzwingen lassen, so dass sie deshalb nicht selten demütig und äußerst dankbar auf jeden noch so (kleinen) Fortschritt blicken, den es dann auch unmittelbar zu feiern gilt. Im Laufe der Zeit entwickeln Familienmitglieder dadurch (bestenfalls) auch große innere Stärke und Kreativität bei der Lösungssuche, so dass letztlich das gesamte Umfeld von der Anwesenheit ihrer autistischen Kinder profitieren und an den Herausforderungen wachsen kann. Demzufolge können autistische Kinder am Ende nicht nur für ihre Familie, sondern für alle Mitmenschen ein echter Gewinn darstellen, wenn sie sich die Zeit nehmen, sich mit ihnen auseinandersetzen, die Bereitschaft zeigen, ihre Besonderheiten auszuhalten und zuzulassen, sich auf sie einzulassen und möglichst vorurteilsfrei einen Blick auf ihre Welt zu wagen.

Schließlich betonen Eltern und Geschwister häufig noch ihre enge Verbundenheit mit dem autistischen Familienmitglied. So sehr sie auch im Alltag zu kämpfen haben und oftmals sicherlich mit dessen Verhalten hadern, desto enger und desto intensiver ist (häufig) auch die Beziehung und ihre Liebe zu ihnen. Nicht zuletzt bewundern sie das autistische Kind für seinen starken Willen und sein Kämpferherz, dass es – trotz wiederholtem Scheitern – nicht aufgibt, immer wieder aufsteht und das Leben aller Familienmitglieder mit seiner Anwesenheit bereichert.

2 Zur Situation nicht-autistischer Geschwisterkinder: »Wer kümmert sich um mich?«

Die Lebenssituation von Familien mit autistischen Kindern unterscheidet sich in vielen Punkten vom Alltag anderer Familien. Welche Rolle in diesem Kontext nicht-autistische Geschwisterkinder innehaben bzw. welche alltäglichen Herausforderungen an sie gestellt werden, soll in diesem Abschnitt näher betrachtet werden. Ob das Zusammenleben mit einem autistischen Kind für das betroffene Geschwisterkind entsprechende Entwicklungsrisiken oder gar Chancen mit sich bringt, ist dabei von verschiedenen Faktoren abhängig, wie beispielsweise dessen individuelle Eigenschaften, dem Schweregrad der Autismus-Spektrum-Störung des Geschwisterkindes, aber auch dem spezifischen Umgang ihrer Eltern mit der Situation (Schirmer, 2006).

Infolgedessen kann die veränderte Geschwisterrolle in manchen Phasen als Last, in anderen aber auch als individuelle Bereicherung erlebt werden. So haben Geschwisterkinder einerseits oftmals dem dauerhaft erhöhten (familiären) Stresspegel und der allgemein hohen psychischen und physischen Belastung aller Familienmitglieder standzuhalten, die unter anderem aus den speziellen Bedürfnissen und den individuellen Verhaltensbesonderheiten des autistischen Kindes resultieren. Auf der anderen Seite vermögen sie jedoch durch das Aufwachsen mit einem Geschwisterkind im Autismus-Spektrum häufig auch große soziale und emotionale Kompetenzen zu entwickeln, sind sehr selbstständig und verantwortungsbewusst und weisen dazu nach Grünzinger (2005) wesentlich mehr Toleranz, Belastbarkeit und Sensibilität für die Bedürfnisse ihrer Mitmenschen auf.

> Das Leben mit meinem autistischen Bruder ist manchmal sehr anstrengend und manchmal auch ganz schön.
> Mein Bruder wiederholt im Alltag ständig Fragen und möchte ununterbrochen mit mir spielen. Er kann dann nicht verstehen oder akzeptieren, dass ich mal nicht möchte oder meine Ruhe haben will. Interessiert er sich für ein bestimmtes Thema, macht er wochenlang nichts anderes, was auf die Dauer ganz schön anstrengend sein kann. Er tut

> mir manchmal weh, auch wenn er es meist nicht mit Absicht macht. Außerdem steht er häufig im Mittelpunkt und braucht die Aufmerksamkeit und Unterstützung unserer Eltern oder anderer Menschen, so dass nicht mehr so viel Zeit für mich übrigbleibt. Wenn ich Freunde besuchen möchte, fühlt er sich oft benachteiligt, ausgeschlossen und schimpft andauernd. Manchmal wünschte ich mir dann, ich hätte einen »normalen« Bruder, obwohl ich ihn sehr lieb habe.
> Aber mein Bruder hat auch gute Seiten. Er hilft mir zum Beispiel häufig bei meinen Aufgaben und ist immer für mich da. Er denkt sich spannende Geschichten oder Spiele aus und schreibt tolle Lieder. Manchmal darf ich ihm dabei auch helfen. Ich kann mit ihm quatschen und Blödsinn machen, muss aber immer aufpassen, dass es nicht eskaliert. Er versucht auch immer häufiger, sich auf meine Spielideen einzulassen, was ich ganz toll finde. Außerdem ist er sehr kreativ, ehrlich und lieb.
> Manchmal tut mir mein Bruder auch leid, weil er sich häufig doofe Sprüche von anderen anhören muss oder einfach von Fremden angefasst oder zurechtgewiesen wird. Auch in der Schule hatte er es bis jetzt – im Gegensatz zu mir – nicht leicht und musste schon drei Mal die Schule wechseln. Darüber hinaus hat er nur wenige Freunde und wird beim Spielen häufig von anderen Kindern ausgeschlossen. Das macht mich traurig, weil ich sehe, dass er darunter leidet. Er lässt sich aber trotzdem nicht unterkriegen.
> **Ich bin deshalb sehr stolz auf meinen autistischen Bruder und würde ihn nicht hergeben wollen.**
>
> (Lilli, 9 Jahre)

Geschwister können für autistische Kinder und deren (sozialer) Entwicklung sehr wichtig sein, da sie oftmals die ersten Kinder darstellen, zu denen sie – neben den Eltern – eine Beziehung aufbauen und mit denen sie sich im Alltag (regelmäßig) arrangieren und auseinandersetzen müssen. Auch dienen ihnen Geschwisterkinder häufig als »Fixstern«, bei dem sie Schutz suchen und an den sie sich – insbesondere im Kontakt mit anderen Kindern – festhalten und orientieren können, um nicht den Halt zu verlieren. Geschwisterkinder vermögen dazu noch fehlende Freundschaften und Spielkameraden zu kompensieren und stellen damit häufig den einzigen sozialen Lernraum für das autistische Kind zur Verfügung, in dem es sich »gefahrlos« und vorurteilsfrei ausprobieren und weiterentwickeln kann.

Geschwisterkinder sind jedoch nicht nur Vertraute/r und Spielkamerad/in, sondern immer auch Konkurrent/in und Rival/in zugleich. Nach Schirmer (2006) geht es deshalb innerhalb der Geschwisterbeziehung auch immer um Durchsetzungsvermögen und Konkurrenzverhalten, um Identitätsfindung, Abgrenzung und Nähe, was im Zusammenhang mit autistischen Geschwisterkindern durchaus zu einer Herausforderung werden kann.

2.1 Geschwisterrivalität

Grundsätzlich gestalten sich Geschwisterbeziehungen im Familienalltag mitunter sehr konfliktreich, ein gewisses Maß an Rivalität und Konkurrenz erscheint damit völlig »normal«. In Familien mit autistischen Kindern können diese Aspekte jedoch für alle Beteiligten dauerhaft zu einer echten Belastungsprobe werden und erfordern insbesondere von Seiten der Eltern viel Kraft und Fingerspitzengefühl.

> *Die Rivalität und Eifersucht unter Geschwistern gehört zum normalen kindlichen Verhalten. Es ist die elterliche Gunst, um die Geschwister konkurrieren. Ein Kind mit Autismus-Spektrum-Störung benötigt aber nun einmal mehr Aufmerksamkeit und Pflege seitens der Eltern. Es ist oftmals nicht leicht für die anderen Kinder der Familie, akzeptieren zu müssen, dass ihr Geschwister mehr Zuwendung von den Eltern erhält. Einige Kinder fühlen sich zurückgesetzt und haben den Eindruck, weniger beachtet und geliebt zu werden.* (Schirmer, 2006, S. 239)

Da das autistische Kind im Familienalltag in der Regel mehr Zuwendung, Aufmerksamkeit und Unterstützung vonseiten der Eltern benötigt und dazu noch mehr Rücksicht von allen Beteiligten abverlangt, kann es auf Seiten des betroffenen Geschwisterkindes zu emotionaler Verunsicherung, Eifersucht, Neid und Konkurrenzkämpfen kommen. Eltern sollten diese Gefühle ihres Kindes ernstnehmen, sie keinesfalls unterbinden, sondern vielmehr versuchen, diese adäquat aufzufangen, zu thematisieren und möglichst zu kompensieren. Wie alle Menschen haben auch nicht-autistische Geschwisterkinder das Bedürfnis, von den Eltern als Familienmitglied geachtet, respektiert, wahrgenommen sowie für ihre alltäglichen Leistungen und Erfolge, ihren Charakter und ihre Gefühle anerkannt und wertgeschätzt zu werden. Trotz begrenzter Ressourcen ihrer Eltern möchten auch sie gelegentlich im Mittelpunkt stehen und die Gewissheit haben, genauso geliebt zu werden, wie das autistische Geschwisterkind. Ferner benötigen sie von ihren Eltern einen Raum, in dem ihnen beispielsweise Fragen zu der Beeinträchtigung ihres Geschwisters altersgemäß beantwortet und Erklärungsmodelle für individuelle Verhaltensbesonderheiten angeboten werden.

Auch mögliche Spezialinteressen des autistischen Kindes vermögen innerhalb des Familienalltags zumindest zeitweise viel Raum einzunehmen und damit die Aufmerksamkeit der Eltern auf sich zu ziehen. Hierbei rücken häufig in erster Linie die Vorteile derselben für Eltern in den Vordergrund, da eine intensive Beschäftigung mit diesen auch das individuelle Stresslevel und die Verhaltensbesonderheiten des autistischen Kindes reduzieren kann, was wiederum längerfristig das gesamte Familiensystem entlastet. Dennoch kann dieses intensive Interesse der Eltern auf Seiten der Geschwisterkinder wiederum zu Neid und Eifersucht führen, da die eigenen Interessen und Hobbys nicht die gleiche Aufmerksamkeit erhalten. Nicht-autistische Geschwisterkinder konkurrieren infolgedessen auch immer um die begrenzten zeitlichen Ressourcen ihrer Eltern, müssen jedoch wiederholt erfahren und akzeptieren, dass sie diesen Kampf in der Regel kaum gewinnen können.

Neben dem Konkurrieren um die Gunst der Eltern entstehen die Rivalitäten jedoch vermehrt auch innerhalb der Geschwisterbeziehungen. So ist es beispielsweise insbesondere für jüngere Kinder oftmals schwer, wenn sie ihr autistisches Geschwisterkind in ihren Fähigkeiten »überholen«. Gerade in diesen Momenten vermögen sich autistische Kinder äußerst defizitär fühlen, verhalten sich ihren Geschwisterkindern gegenüber aus Frust vermehrt »unangemessen« und schaffen es in der Regel nicht, diese für ihre individuellen Erfolge wertzuschätzen oder deren Hilfestellungen anzunehmen. Für die betroffenen Geschwisterkinder ist dies wiederum nur schwer auszuhalten, weshalb sie sich im Alltag auch oftmals nicht trauen, stolz auf ihre Erfolge und Entwicklungsschritte zu sein oder diese möglichst vor ihren autistischen Geschwistern verheimlichen.

Haben Geschwisterkinder ähnliche oder gar gleiche Interessen oder Hobbys (z. B. singen), birgt auch dies in der Regel – aufgrund häufig inhomogener Kompetenzen auf Seiten des autistischen Geschwisters – ein enormes Konfliktpotential untereinander. Einige autistische Kinder neigen in diesen Momenten dazu, sich von ihren Geschwistern permanent ausgespielt, vorgeführt oder zurückgesetzt zu fühlen und tun deshalb ihren Unmut darüber wiederholt (unkontrolliert) lauthals kund. Weisen sie innerhalb des Interesses jedoch besondere Fähigkeiten auf, so können sie diese oftmals kaum zurückhalten oder zurückstecken und scheinen sie beispielsweise ihrem Geschwister gegenüber ununterbrochen vorhalten zu müssen. Dies kann letztlich dazu führen, dass das nicht-autistische Geschwisterkind von seinem Interesse oder seinem Hobby – trotz gegebenenfalls vorhandenem Talent – längerfristig Abstand nimmt, um im Alltag nicht ständig unwillentlich in einen Konkurrenzkampf mit dem autistischen Geschwister hineingezogen zu werden, was auf die Dauer äußerst zermürbend sein kann.

Nicht-autistische Geschwisterkinder erkennen damit häufig intuitiv, dass sie mit ihren autistischen Geschwistern nicht uneingeschränkt rivalisieren dürfen, um diese beispielsweise zu schützen. Eltern reagieren nach Grünzinger (2005) dazu oftmals noch besonders streng, wenn die nicht-autistischen Kinder dieses »ungeschriebene Gesetz« verletzen, da sie von ihnen insgeheim viel mehr Einsicht, Rücksichtnahme und Hilfsbereitschaft erwarten.

Ein weiterer Aspekt ist, dass Geschwisterkinder in der Öffentlichkeit häufig für ihr äußerst soziales, verständnisvolles und angepasstes Verhalten gelobt oder beschenkt werden und sich in diesem Kontext nicht selten die Frage stellt, warum sich das autistische Kind nicht auch zu benehmen weiß. Unabhängig vom Alter werden die Geschwister damit dem autistischen Kind (ungefragt) als Vorbild präsentiert, was jedoch deren unterschiedlichen Voraussetzungen und Kompetenzen keinesfalls gerecht wird. Im Gegenzug dazu werden autistische Kinder von ihren Eltern im Familienalltag häufig bereits für Kleinigkeiten »überschwänglich« gelobt und damit positiv verstärkt, wohingegen diese für die Geschwisterkinder oftmals als Selbstverständlichkeit vorausgesetzt werden und deshalb von den Eltern keine größere Beachtung erhalten. Diese beiden Diskrepanzen vermögen Konkurrenzkämpfe und Rivalitäten unter den Geschwistern noch zusätzlich intensivieren oder gar verfestigen und bedürfen deshalb auch immer wieder besonderer Aufmerksamkeit, gesonderter Erklärung oder auch der Steuerung durch die Eltern.

2.2 Überforderung

Geschwister von Kindern mit einer Autismus-Spektrum-Störung sind deutlich häufiger – im Vergleich zu anderen Geschwisterkonstellationen – von konkreten Einschränkungen im Alltag und Belastungen innerhalb der Familie betroffen, die sie nicht selten überfordern und an ihre Belastungsgrenze führen. So erwarten oder erhoffen sich viele Eltern insgeheim von ihren nicht-autistischen Kindern, dass sie sich im Familienalltag an die besondere

Situation anpassen und möglichst (uneingeschränkt) »funktionieren«, um die zahlreichen Herausforderungen überhaupt dauerhaft bewältigen zu können. Weiterhin lastet auf den Geschwisterkindern oftmals seitens der Eltern der (unausgesprochene) Erwartungsdruck, all jene »Leistungen« zu erbringen oder Aufgaben und Pflichten (stellvertretend) zu übernehmen, die das autistische Geschwister (zum jeweiligen Zeitpunkt) nicht zu erbringen vermag. Aufgrund ihrer frühen Selbstständigkeit wird ihnen somit im Alltag häufig auch viel Verantwortung auferlegt oder Mithilfe abverlangt, angefangen vom Einsatz als Betreuungs-, Aufsichts- und/oder Pflegeperson bis hin zur Übernahme einer Co-Therapeuten-Rolle für ihr autistisches Geschwister.

Nicht-autistische Geschwisterkinder nehmen damit im Familienalltag nicht nur übergroße Rücksicht auf ihre autistischen Geschwister, sondern auch auf ihre phasenweise hochbelasteten Eltern, indem sie versuchen, diese zu schonen, ihre eigenen Wünsche und Ansprüche zurückzustellen, sich zurückzuziehen und ihre Angelegenheiten weitgehend selbst zu regeln.

In dieser Überangepasstheit und reibungslosem Funktionieren liegt [...] die Gefahr, dass Eltern im familiären Alltag die Probleme der Geschwisterkinder übersehen und ihre Bedürfnisse und Interessen überhaupt nicht mehr wahrnehmen können, auch wenn sie sich dafür interessieren. (Grünzinger, 2005, S. 36)

So haben Untersuchungen ergeben, dass Geschwister von Kindern mit einer Autismus-Spektrum-Störung in diesem Kontext ein überdurchschnittlich hohes Risiko für psychische Störungen wie Depressionen, Angststörungen und aggressives Verhalten innehaben. Diese Probleme könnten darüber hinaus gerade deshalb entstehen, weil Geschwisterkinder häufiger gezwungen sind, ihre eigenen Bedürfnisse über ein normales Maß hinaus zurückzustellen und aufkommende Frustration und Wut zu unterdrücken (Schirmer & Alexander, 2015). Dies wird vor allem beispielsweise im gemeinsamen Spiel deutlich, welches in der Regel nur gut funktioniert, wenn das Geschwisterkind eigene Ideen und Handlungsimpulse weitgehend zurückstellt und sich auf das Spielverhalten seines autistischen Geschwisters vollkommen einlässt. Das Spiel erscheint dann jedoch für das Geschwisterkind meist wenig verlockend, sehr einseitig oder auch überaus komplex und manchmal auch kognitiv sehr herausfordernd, was wiederum für dieses in eine Überforderungssituation münden kann (▶ Kap. 1.2.12).

Eine weitere Überforderung für Geschwisterkinder kann aus den individuellen Verhaltensbesonderheiten des autistischen Geschwisters resultieren, die, je nach Tagesform und Stresslevel des betroffenen Kindes, im Familienalltag viel Raum einnehmen und alle Beteiligten viel Energie kosten können. Hierzu zählen auch insbesondere die häufig deutlich erhöhte Geräuschkulisse sowie aggressive Übergriffe des autistischen Geschwisters, die oftmals aus einer allgemein erhöhten Anspannung oder einer Reizüberflutung heraus resultieren und für die Geschwisterkinder zeitweise schwer nachzuvollziehen, auszuhalten oder zu ertragen sind. Manchmal lösen diese Verhaltensbesonderheiten bei ihnen auch Schamgefühle oder eine gewisse Ohnmacht und Hilflosigkeit aus, was die individuelle Überforderung und Belastung sicherlich noch verschärfen kann. In diesem Kontext kann auch das generelle Verständnis für die Autismus-spezifischen Wahrnehmungsbesonderheiten (z. B. akustische oder auch taktile Überempfindlichkeiten) des autistischen Geschwisters für Geschwisterkinder schlichtweg eine Überforderung darstellen, da sie deren Ausmaß und Komplexität sowie deren Auswirkungen auf das Verhalten oder auch den Alltag des autistischen Geschwisters häufig kaum überschauen oder begreifen können. Die Erwartung ihrer Eltern ihr eigenes Verhalten beständig danach auszurichten (z. B. keine laute Musik zu hören) und sich diesen Besonderheiten anzupassen, kann darüber hinaus auf Dauer sehr kräftezehrend sein.

Auch die häufig sehr enge Verbundenheit eines Elternteils mit dem autistischen Geschwister, mitunter verbunden mit einer spezifischen Machtposition des Kindes gerade in Situationen aggressiver Übergriffe unter den Geschwistern, vermögen nicht-autistische Geschwisterkinder zeitweise maßlos zu überfordern. Aus diesem Grund ist es für nicht-autistische Geschwisterkinder letztlich entscheidend, dass

- sie sich gegenüber ihrem autistischen Geschwister und den Erwartungen ihrer Eltern abgrenzen dürfen,
- sie regelmäßige Zeiten für Ruhe und Erholung vom familiären Alltag erhalten,
- ihre eigenen Wünsche und Bedürfnisse anerkannt werden und in der Familie ihren Platz haben,
- jederzeit auch die Ablehnung von Mithilfe möglich sein sollte und
- sie ihre Zukunft unabhängig von der Entwicklung und des Hilfe- und Pflegebedarfs des autistischen Geschwisters planen können,

um sich nicht dauerhaft zu überfordern und damit an den besonderen Herausforderungen des Familienlebens zu zerbrechen.

2.3 Schuldgefühle

Viele Geschwisterkinder von Kindern im Autismus-Spektrum leiden (phasenweise) unter Schuldgefühlen, was für sie im Familienalltag zu einer großen Herausforderung werden kann. So haben sie beispielsweise Schuldgefühle, wenn sie ihr autistisches Geschwister leiden oder auch scheitern sehen, weil sie es meist nicht verhindern, aktiv eingreifen oder gar schützen können. In diesem Zusammenhang stellt sich für sie auch nicht selten die Frage, wie sie ihrem autistischen Geschwister helfen können oder warum letztlich nicht sie statt ihm/ihr die entsprechende Beeinträchtigung haben.

Werden nicht-autistische Geschwisterkinder zu Geburtstagen oder auch zu Freund/innen eingeladen, sind in Vereinen aktiv oder nehmen an Ausflügen teil, bleibt ihr autistisches Geschwister häufig allein und traurig zu Hause zurück und spürt gerade in diesen Zeiten vermehrt seine Einsamkeit und Andersartigkeit. Gelingen Geschwisterkindern bestimmte Dinge im Alltag nahezu problemlos, während sich ihr autistisches Geschwister bereits bei kleineren Tätigkeiten (erfolglos) abmüht, oder lernen sie scheinbar spielerisch neue Fertigkeiten dazu (wie Fahrradfahren, Seilspringen, etc.), so spüren sie gerade in diesen Momenten das Leid und die Selbstzweifel ihres autistischen Geschwisters, was bei den Geschwisterkindern wiederum unmittelbar zu Schuldgefühlen führen kann. Die vorher noch unsichtbaren Einschränkungen und Beeinträchtigungen ihres autistischen Geschwisters werden gerade in diesen Situationen plötzlich sichtbar und greifbar, weshalb sich auf ihrer Seite das schlechte Gewissen meldet, weil ihnen vieles im Alltag so (vermeintlich) leicht fällt.

Auch negative Gefühle gegenüber ihrem autistischen Geschwister, wie Wut und Aggressionen, sind – gerade in Spannungs- und Konfliktsituationen – sicherlich keine Seltenheit und führen manches Mal dazu, dass nicht-autistische Geschwister sich insgeheim wünschten, kein (autistisches) Geschwister zu haben. Diese Gedanken und Gefühle sind für das Geschwisterkind jedoch häufig tabu, werden deshalb unterdrückt und führen wiederum zu Schuldgefühlen, mit denen sie unterschiedlich umgehen können. Einige kompensieren diese dadurch, indem sie sich ganz aufopferungsvoll um ihr autistisches Geschwister kümmern, andere hingegen distanzieren sich und gehen bewusst eigene Wege, weil sie der Belastung nicht dauerhaft standhalten können. Sie verdrängen damit auch ihre Schuldgefühle und zeigen mitunter selbst auffälliges Verhalten (Schirmer, 2006).

Ein weiterer Aspekt ist, dass Geschwisterkinder – nicht zuletzt aufgrund ihrer meist sehr hohen emotionalen Intelligenz und verschärften Sensibilität – in manchen Situationen durchaus zu erkennen vermögen, welche »Knöpfe« sie bei ihrem autistischen Geschwister drücken müssen, um eine entsprechende Eskalation zu erzeugen, sich dadurch auch abgrenzen und beispielsweise nicht mit ihm/ihr spielen zu müssen. Auch in der Öffentlichkeit erhält das Geschwisterkind durch derlei (unsichtbare) Interventionen mitunter die nötige Aufmerksamkeit oder auch das Mitgefühl der anderen, wenn es wieder einmal (scheinbar völlig grundlos) von seinem/ihrem autistischen Geschwister »bestraft« und »attackiert« wurde. Im Nachhinein meldet sich aber auch hier wiederum häufig das schlechte Gewissen und die Geschwisterkinder empfinden Schuldgefühle für die bewusst intendierte Eskalation.

Aber auch Eltern haben den nicht-autistischen Geschwisterkindern gegenüber oftmals ein schlechtes Gewissen. Einerseits sind sie sich insgeheim bewusst, was sie zeitweise von ihren Kindern abverlangen und erwarten, anderseits wissen sie, dass sie ihnen nicht die gleiche Aufmerksamkeit und Zuwendung oder die gleiche Zeit widmen können, wie dem autistischen Kind. Dazu sind sie vermehrt in Sorge um deren individuelle Entwicklung und empfinden Schuldgefühle, da sie die Geschwisterkinder häufiger vernachlässigen und dies nicht (immer) adäquat zu kompensieren vermögen. Auch eindringliche Appelle von außen, man möge das Geschwisterkind nicht missachten und solle hin und wieder auch das Augenmerk auf dieses richten, setzen Eltern dabei zusätzlich unter Druck und stoßen damit bei ihnen in eine Wunde, die sie selbst im Alltag ständig vor sich hertragen und nicht dauerhaft zu schließen vermögen.

Nach Schirmer (2006) ist es schlichtweg eine Herausforderung für Eltern einen »familiären Nachteilsausgleich« zu schaffen und damit, möglichst in regelmäßigen Abständen, jedem Kind das Gefühl zu geben einmal im Mittelpunkt zu stehen, auf niemanden Rücksicht nehmen zu müssen oder ihnen in geeigneten Situationen auch die »Sonderbehandlung« des autistischen Kindes zuteilwerden zu lassen, auch wenn es diese, etwa für die Aneignung neuer Verhaltensweisen, nicht zwingend benötigt (z. B. Verstärkerplan).

2.4 Leidensdruck

Neben den bereits benannten Schuldgefühlen ist bei Geschwistern von Kindern im Autismus-Spektrum häufig (zeitweise oder auch andauernd) ein hoher Leidensdruck feststellbar, der sie im Alltag stark einschränken und behindern kann. So sind Geschwisterkinder oftmals gezwungen ihre eigenen Bedürfnisse über ein normales Maß hinaus zurückzustellen und sich denen des autistischen Geschwisters anzupassen. Sie selbst fühlen sich damit als Individuum durch ihre Eltern nicht (genug) gesehen oder beachtet, was ihrerseits auf Dauer einen hohen Leidensdruck hervorrufen kann.

Ein weiterer Aspekt ist, dass einige Kinder (spontan) keine Freund/innen und Spielkamerad/innen zu sich nach Hause einladen können oder wollen, aus Angst vor den Reaktionen des autistischen Geschwisters oder auch möglicher Eskalationen durch dieses. Ferner können sie auch häufig nicht abschätzen wie ihr Besuch auf das autistische Geschwister reagiert, schließlich erleben sie in der Öffentlichkeit immer wieder, dass sich andere über dieses lustig machen, es ausgrenzen oder gar offen ablehnen. Geschwisterkinder leiden in diesen Momenten nicht nur unter ihrer eigenen Isolation, sondern mitunter auch unter Loyalitätskonflikten. Einerseits fühlen sie sich mit ihrem autistischen Geschwisterkind verbunden und wollen es nicht im Stich lassen, anderseits wollen sie auch nicht von ihrer Peergroup ausgeschlossen werden.

Im Hinblick auf die Identifikation mit der eigenen Rolle im Familiensystem kann auch diese vereinzelt zu großem Leidensdruck bei den Geschwisterkindern führen. Nach Schirmer (2006) erfahren gerade ältere Geschwister durch die Geburt des autistischen Kindes nicht nur die normale »Entthronung«, sondern spüren zugleich den Kummer, die Verunsicherung und den Leidensdruck der Eltern, was sie sehr belasten kann. Jüngere Kinder hingegen haben oftmals Schwierigkeiten mit ihrem Platz in der Geschwisterreihe. So sind sie zwar jünger, müssen jedoch in vielen Situationen die Rolle eines älteren Geschwisterkindes einnehmen, indem sie Rücksicht nehmen, ihr Geschwister in einzelnen Entwicklungsbereichen überholen oder auch angehalten werden ihnen zu helfen und sie zu beaufsichtigen.

Auch die vielen Momente des Scheiterns ihres autistischen Geschwisters, der Umgang mit diesem in der Öffentlichkeit sowie das fehlende Verständnis für seine Beeinträchtigungen geht weder an ihnen als Geschwister noch an ihren Eltern spurlos vorbei. Diese häufig sehr negativen Erfahrungen werden meist jedoch nur familienintern besprochen und verarbeitet und gelangen dadurch selten an die Öffentlichkeit. Ergo wird im Prinzip meist im Stillen gelitten, was den Leidensdruck für die Geschwisterkinder jedoch häufig noch verstärken kann. Von Eltern erfordert dieser Aspekt deshalb ein besonderes Augenmerk sowie Fingerspitzengefühl, um die Geschwisterkinder dazu zu ermutigen, offen über ihre Gefühle und Sorgen zu sprechen und sich bei Bedarf auch Hilfe zu holen.

3 Herausfordernde Kinder oder herausgeforderte Gesellschaft? Familiäre Herausforderungen im gesellschaftlichen Kontext

Eltern autistischer Kinder werden im Alltag häufig mit herausfordernden Verhaltensweisen ihrer Kinder konfrontiert, die sie auf die Dauer an die Grenzen ihrer Belastbarkeit führen können. Die Familie fungiert dabei jedoch meist als Blitzableiter, um die dauerhafte Überforderung und Überreizung ihres Kindes zu kompensieren. Wenn das Verhalten ihrer Kinder in der Öffentlichkeit auf Unverständnis stößt und sie sich immer wieder gut gemeinten Ratschlägen oder Vorwürfen über fehlgeschlagene Erziehung ausgesetzt sehen, kommen sie oftmals in eine Erklärungs- und Rechtfertigungssituation gegenüber den Kritiker/innen, obwohl alle Familienmitglieder insgeheim selbst unter dem herausfordernden Verhalten leiden.

Im Idealfall entwickelt sich die Familie jedoch mit der Zeit zu einem »lernenden System«, welches sich den täglichen Herausforderungen gemeinsam stellt, sich auf die Besonderheiten des autistischen Kindes einlässt, sich diesen mitunter anpasst und gemeinsam daran wächst. In diesem Fall profitieren am Ende alle Familienmitglieder voneinander. Zu diesem Zeitpunkt zeigt sich die (wahre) Herausforderung für Familien autistischer Kinder jedoch häufig an anderer Stelle, nämlich an den Reaktions- und Verhaltensweisen, dem Unwissen und Unverständnis, der Überforderung und der Intoleranz, dem Anpassungsdruck und der Erwartungshaltung, den Vorurteilen und vorschnellen Bewertungen, der Inkompetenz und dem Besserwissen der »anderen«.

Kurzum: *Die größte Herausforderung für Familien mit autistischen Kindern sind häufig gar nicht die (herausfordernden) Besonderheiten des Kindes selbst, sondern die unmittelbaren Reaktionen des Umfelds und der Umgang der anderen damit.*

Damit verbunden ist für betroffene Familien oftmals ein erbitterter Kampf um Verständnis, Toleranz und Akzeptanz der (unsichtbaren) Beeinträchtigungen ihrer autistischen Kinder, um sie vor Ausgrenzung und Ablehnung zu schützen und ihnen möglichst eine Teilhabe am gesellschaftlichen Leben zu ermöglichen. Weiterhin ist es letztlich auch ein Kampf gegen alltägliche Grenzverletzungen durch Außenstehende, in Form von (verletzenden) Worten und Kommentaren (▶ Kap. 3.1.1) oder schlimmstenfalls auch durch das (scheinbar) unvermeidlich »beherzte« und ungefragte (körperliche) Eingreifen Dritter (▶ 3.1.3). Dieser Kampf kostet die Familien jedoch wertvolle Ressourcen, die ihnen dann an anderer Stelle – nämlich im Umgang und in der Förderung ihres autistischen Kindes – wieder fehlen, so dass sie hier nicht selten weit über ihre persönlichen Grenzen hinausgehen und schlimmstenfalls am Ende alles – vor allem sich selbst und ihre eigene Erziehung – vermehrt in Frage stellen.

Der nachfolgende Abschnitt beschäftigt sich deshalb mit familiären Herausforderungen im gesellschaftlichen Kontext, die es Eltern mit ihren autistischen Kindern zusätzlich erschweren, dauerhaft einen adäquaten Umgang mit den Beeinträchtigungen ihres Kindes zu finden.

3.1 Herausfordernde Gesellschaft?

Eine Vielzahl autistischer Kinder fällt – früher oder später – in der Öffentlichkeit durch ungewöhnliches Verhalten oder auch unerwartete Reaktionsweisen negativ auf. Für Außenstehende gelten diese Kinder dann häufig unter anderem als unerzogen, grenzenlos, frech, laut, aufsässig, unbelehrbar, rechthaberisch oder auch aggressiv, was immer wieder auch den Ruf nach Konsequenzen und Sanktionen entsprechend laut werden lässt. Anstatt den gesellschaftlichen Erwartungen und damit auch deren (unausgesprochenen) Werten und Normen zu entsprechen bzw. diese zu erfüllen, scheint das Verhalten dieser Kinder eine gewisse »Egozentrik« oder auch »Eigendynamik« aufzuweisen, die von außen offensichtlich kaum begrenzt werden kann. Selbst ihre Eltern scheinen ihre autistischen Kinder letztlich »nicht im Griff« zu haben, sondern diese schlichtweg gewähren zu lassen, was im gesellschaftlichen Kontext wiederum Kritik und völliges Unverständnis hervorruft. Kommentare von Außenstehenden, dass Eltern z. B. in der Erziehung versagt hätten, verletzen und verstärken diese in ihrer eigenen Unsicherheit und verschlimmern oder erschweren dadurch die Situation nachhaltig.

Autistischen Kindern sieht man ihre Beeinträchtigungen in der Regel äußerlich nicht an, so dass ihre Behinderung für Außenstehende unsichtbar erscheint. Unbeteiligte wissen oder verstehen damit häufig gar nicht oder nur am Rande, was mit dem Kind los ist, und können dessen (ungewöhnliches) Verhalten folglich auch nicht richtig deuten oder einordnen. Gerade Kinder, die nach außen hin eine hohe Anpassungsleistung zeigen und damit ihre Beeinträchtigung über einen längeren Zeitraum zu »maskieren« vermögen, machen genau dies jeden Tag, um möglichst nicht negativ aufzufallen und den Tag in gewünschter Weise durchzustehen. Der hierfür benötigte Energieaufwand ist immens und geht häufig zu Lasten ihrer Gesundheit oder allgemeinen Leistungsfähigkeit. Haben diese Kinder jedoch einen »schlechten« Tag bricht das ganze Konstrukt plötzlich zusammen, da es für sie scheinbar keine Steigerung des »Zusammenreißens« mehr gibt und sie auch keine Kräfte oder Strategien mehr zur Verfügung haben, um ihren Alltag adäquat zu bewältigen. Welche Leistungen diese autistischen Kinder damit Tag für Tag unbemerkt erbringen, um ihre individuellen Beeinträchtigungen nach außen hin zu kompensieren oder zu verstecken und in der Öffentlichkeit annähernd zu »funktionieren«, wird jedoch selten gesehen oder gar wertgeschätzt.

Einige autistische Kinder schaffen es jedoch kaum diese Anpassungsleistung zu erbringen bzw. stoßen damit regelmäßig an ihre persönlichen Grenzen. Gerade diesen Kindern bleibt häufig jeglicher Zugang ins »normale« gesellschaftliche Leben aus unterschiedlichsten Gründen verwehrt, wie beispielsweise mangelnde Toleranz und Akzeptanz von »Andersartigkeit« sowie Berührungsängste, Überforderung und Unwissen. Der gesellschaftliche Fokus ist dabei nicht selten ausschließlich auf die Defizite und Herausforderungen des autistischen Kindes ausgerichtet, dessen Stärken und Talente bleiben unsichtbar oder unberücksichtigt. Eltern bemühen sich deshalb in diesem Kontext nicht nur um Aufklärung, sondern sind auch immer wieder gefordert, sich stellvertretend in der Öffentlichkeit für die Rechte ihrer autistischen Kinder einzusetzen, notfalls auch juristisch. Dieser Kampf kostet sie jedoch zahlreiche Ressourcen und treibt sie schlimmstenfalls auf Dauer in die (familiäre) Isolation, da es auch hier wenige Mitstreiter/innen und Unterstützer/innen gibt, die klar Position für sie und ihr autistisches Kind beziehen und sie auf diesem anstrengenden und herausfordernden Weg begleiten.

3.1.1 Worte schaffen Wirklichkeiten

Worte sind im gesellschaftlichen Miteinander ein machtvolles Instrument, deren individuelle Wirkung im Alltag häufig unterschätzt wird. Unsere Sprache kann damit bewusst oder unbewusst auch als Waffe eingesetzt werden und unserem Gegenüber tiefe Verletzungen zufügen. Durch die Wahl unserer Worte drücken wir automatisch auch eine Haltung gegenüber dem/der Empfänger/in unserer Botschaft aus, die durch unsere Mimik, unsere Tonlage und unsere Körperhaltung noch zusätzlich unterstrichen wird.

Ist dieses autistische Kind »respektlos« oder verhält es sich in manchen Situationen eher »ungeschickt« oder »inadäquat«?

Ist das Kind ein/e »Lügner/in« oder hat es in einer bestimmten Situation seine/ihre »eigene Wahrheit« oder eine »besondere Sicht« auf die Dinge?

Sind die Eltern »uneinsichtig« oder »widerständig« oder haben sie zu bestimmten Verhaltensweisen ihres Kindes einfach eine »andere Meinung« bzw. ein »abweichendes Erklärungsmodell«?

Da Worte im Alltag oftmals automatisiert und unbewusst verwendet werden, kommunizieren ein Großteil der Menschen aus einer Gewohnheit oder auch Bequemlichkeit heraus und vermögen dazu eher ihre Wortwahl leichtfertig zu handhaben. Wenn ihnen jedoch das Potenzial ihrer Sprache bewusst wird, kann ihr Umgang zielgerichteter und auch reflektierter werden, so dass sie ihren Worten und Äußerungen bzw. deren unmittelbare Auswirkungen auf ihr Gegenüber mehr Aufmerksamkeit widmen können. In diesem Zusammenhang gilt es für Außenstehende (insbesondere auch für Fachkräfte) – gerade im Umgang und in der Kommunikation mit Familien und ihren autistischen Kindern – umso mehr, die Wahl ihrer Worte sehr sensibel und achtsam zu handhaben und ihre Botschaften und Bewertungen möglichst nicht unreflektiert in die Welt »hinauszuposaunen«, um die Eltern und ihre autistischen Kinder nicht ungewollt zu verletzen, zu zerstören oder auch dauerhaft zu diskreditieren.

Verändern sich unsere Worte, verändert sich auch automatisch unsere innere Haltung zu dem autistischen Kind. Dies impliziert jedoch nicht nur den bewussteren und sensibleren Sprachgebrauch sowie eine klare Trennung von Verhalten und Person (das Kind ist nicht sein Verhalten!), sondern auch die Akzeptanz und Toleranz von »Anders-Sein«, »Anders-Denken« und »Anders-Machen«.

»Rat-Schläge« sind auch Schläge

Eltern, deren autistische Kinder sich innerhalb der Gesellschaft häufig nicht erwartungsgemäß verhalten oder »funktionieren«, werden im Alltag immer wieder (ungefragt) mit (vermeintlich) gut gemeinten »Rat-Schlägen« und Empfehlungen bombardiert. Innerhalb der eigenen Familie, des Freundes- und Bekanntenkreises, auf der Arbeit oder auch in der Öffentlichkeit treffen Eltern dabei nicht selten auf »wahre Expert/innen«, welche die (eigentliche) Problematik zügig von außen analysiert, ausgewertet und verstanden haben und deshalb (ungefragt, ungewollt und unreflektiert) mit potenziellen, wenn nicht sogar offensichtlich erscheinenden oder auch anmaßenden Lösungsmöglichkeiten und »Rat-Schlägen« um die Ecke kommen, wie beispielsweise

- »Und wenn der Junge mal in den Sportverein geht?«
- »Du bist einfach zu nachsichtig. Das Kind bräuchte mal eine starke Hand, dann würde es sich auch nicht so verhalten. Du solltest ihm wirklich mehr Grenzen setzen!«
- »Vier Wochen Bootcamp und Kontaktsperre, dann läuft er wieder in der Spur!«

Eltern fühlen sich in diesen Momenten nicht nur bevormundet oder »für dumm verkauft«, sondern sind häufig sprachlos, obwohl sie am liebsten einfach losschreien und ihren Unmut nach außen hin kundgeben möchten. Da sie jedoch insgeheim wissen, wenn nicht sogar wiederholt erfahren haben, dass auch diese Reaktion am Ende eher kontraproduktiv erscheint – weil die Botschaft dahinter nicht verstanden oder gehört wird und sie damit nicht nur ihrem Ansehen, sondern auch dem ihres autistischen Kindes nachhaltig schaden – schweigen sie lieber und versuchen, die Situation möglichst unbeschadet zu überstehen.

Setzen Eltern hier dennoch klare Grenzen und fordern ihr Gegenüber beispielsweise zum Schweigen auf, bekommen sie dazu häufig noch das Gefühl vermittelt, dass sie überempfindlich oder hysterisch reagierten (»Was hast Du denn jetzt schon wieder?«), undankbar seien (»Ich habe Dir doch nur helfen wollen!«) oder die Empfehlung lediglich falsch verstanden hätten (»So habe ich das doch gar nicht gemeint!«), was den Unmut auf ihrer Seite nur noch weiter anfacht, da sie sich nicht ernstgenommen fühlen. Letztlich spiegeln diese oben genannten Aussagen jedoch am Ende nur die allgemeine Hilflosigkeit, Überforderung und Ohnmacht der Rat-Gebenden wider, die oftmals selbst durch das »ungewöhnliche«, inakzeptable Verhalten des autistischen Kindes einen kurzzeitigen Kontrollverlust erleben, mit dem sie nicht adäquat umzugehen wissen. Ihr Wunsch, das Kind solle einfach damit aufhören oder dieses Verhalten unmittelbar beenden, bleibt damit (vorläufig) unerhört, so dass sie ihren Unmut darüber in Form einer indirekten Aggression (eines »Rat-Schlages«) an die betroffenen Eltern weitergeben, um selbst wieder handlungsfähig zu werden.

Authentische Worte des Verständnisses, der Anteilnahme und der Teilhabe können für Eltern durchaus wohltuend sein und in der jeweiligen Krisensituation entlastend wirken. Ungefragte und meist auch ungewollte »Rat-Schläge« vermögen sie jedoch zusätzlich verunsichern und verletzen und ihnen damit dauerhaft tiefe (seelische) Wunden zufügen. »Rat-Schläge« fühlen sich in diesen Momenten auch wie Schläge an, tief in die Magengrube, da sie (bewusst oder unbewusst/gewollt oder ungewollt) die eigene Kompetenz, das individuelle Erziehungsverhalten sowie die persönliche Wahrnehmung und Situationseinschätzung immer wieder (direkt oder indirekt) anzweifeln, kritisieren und in Frage stellen. In diesem Kontext wird die eigentliche Herausforderung dazu noch bagatellisiert bzw. gezeigt, dass das Thema Autismus-Spektrum schlichtweg (noch) nicht verstanden wurde.

Defizitorientierung

Familien mit autistischen Kindern kommen in ihrem Alltag – strukturell bedingt – häufig mit einer Vielzahl an (vermeintlichen) Fachleuten in Kontakt, die sich in regelmäßigen Abständen ein Bild von dem Entwicklungsstand des betroffenen Kindes machen. Dabei stehen beispielsweise in Hilfeplangesprächen und Unterstützerkreisen, bei Arztterminen und Begutachtungen des Medizinischen Dienstes der Krankenkassen in der Regel überwiegend die Defizite des autistischen Kindes und damit seine unmittelbaren Einschränkungen im Raum, welche nahezu bis ins kleinste Detail diskutiert, analysiert und in langen, ausführlichen Berichten dokumentiert und damit schlichtweg in »Stein gemeißelt« werden. Für Eltern kann dieser defizitäre Blick auf die Dauer sehr belastend sein, da er die Schwächen des Kindes scheinbar unüberwindbar werden lässt und dazu noch dessen bisherige Entwicklungsschritte und auch ihre persönliche Erziehungsarbeit zunehmend in den Schatten stellt.

Durch die zentrierte Anhäufung von Defiziten kommt dazu bei ihnen nicht selten das Gefühl auf, dass, egal, was sie für das Kind täglich tun und leisten, es wohl niemals ausreichen wird, um es so zu fördern, dass es innerhalb der Gesellschaft mitzuhalten vermag. Weiterhin führt es ihnen auch immer wieder vor Augen, was ihre autistischen Kinder von der gesellschaftlichen Norm unterscheidet und sie damit als Eltern in der Erziehung vermeintlich falsch gemacht oder mitunter vernachlässigt haben. Zukunftsängste und Sorgen der Eltern sind in diesem Kontext genauso vorprogrammiert, wie das wiederholte in Frage stellen der eigenen Erziehungskompetenzen und der Sinnhaftigkeit der eigenen Arbeit am autistischen Kind.

Außerdem eröffnen sich in diesen Gesprächen oder auch bei wiederkehrenden Untersuchungen häufig noch weitere Baustellen, die für die Eltern bis zu diesem Zeitpunkt vielleicht eher unspektakulär oder auch vernachlässigbar erschienen oder zumindest – aufgrund mangelnder Ressourcen – zunächst keine Priorität hatten. Der in diesem Kontext von Außen ermittelte neue Handlungsdruck oder auch Interventionsbedarf führt dann bei Eltern eher dazu, dass sich der Leidensdruck aller Beteiligten deutlich erhöht und das eigene familiäre Förderkonstrukt (wieder einmal) hinterfragt wird, wenn nicht sogar komplett in sich zusammenbricht.

Hinzu kommt, dass die des Öfteren verwendete defizitorientierte (Fach-)Sprache, die negativen Bewertungen und die damit implizierten Abwertungen des autistischen Kindes selbst (und nicht seines herausfordernden Verhaltens) nicht selten bei Eltern den (inneren) Widerstand erhöhen, was sicherlich für eine gute Kooperation und einen konstruktiven Austausch aller Beteiligten dauerhaft nicht förderlich oder zielführend erscheint.

Weiterhin gilt zu berücksichtigen, dass diese Gespräche häufig auch im Beisein des betroffenen Kindes oder auch etwaiger Geschwisterkinder stattfinden, was für die Gesprächsführer/innen jedoch in der Regel vollkommen irrelevant erscheint, da ihr Fokus lediglich darauf ausgerichtet ist, in relativ kurzer Zeit möglichst viele Informationen zu den Entwicklungseinschränkungen und Schwierigkeiten des autistischen Kindes zu erhalten, um den weiteren Interventionsbedarf zu ermitteln und Maßnahmen darauf abzustimmen. Was diese Botschaften, die in der Regel von allen Anwesenden durchaus verstanden und auch zugeordnet werden können, mit dem autistischen Kind selbst oder auch den beteiligten Geschwisterkindern machen bzw. was diese in ihnen auslösen können, wird dabei nicht bedacht oder liegt auch nicht im unmittelbaren Interesse des Begutachtenden.

Für alle Familienmitglieder braucht es deshalb nach derartigen Gesprächen oftmals auch immer wieder eine gewisse Zeit das Gesagte Revue passieren zu lassen, die Botschaften richtig einzuordnen bzw. einem adäquaten »Realitätscheck« zu unterwerfen, den defizitären Blick abzuwenden und den (familiären) Fokus wieder vermehrt auf die Stärken und Fähigkeiten des autistischen Kindes zu legen. Auch das Kind selbst sowie die Geschwisterkinder benötigen nach diesen Gesprächen meist vermehrte Zuwendung, Aufmunterung und Ermutigung durch ihre Eltern, um Zukunftsängste und aufkommende Sorgen zu verbalisieren, zu verarbeiten und möglichst abzubauen und den Blick wieder auf das bisher Erreichte und die beeinflussbare Zukunft zu richten. So vermögen die familiären Herausforderungen in den Hintergrund zu rücken, um die Chancen und Möglichkeiten wieder erkennen und nutzen zu können.

3.1.2 »Der Junge hat doch überhaupt nichts!«

Betrachtet man den Alltag von Familien mit autistischen Kindern, so wird schnell deutlich, dass dessen Planung und Organisation meist vom Verhalten, den Bedürfnissen und dem Stressniveau des beeinträchtigten Kindes bestimmt wird. Gehen Eltern in der Öffentlichkeit offen mit den Einschränkungen ihres autistischen Kindes um, treffen sie dabei jedoch häufig auf Unverständnis und Kritik.

Durch die intensive Auseinandersetzung mit den individuellen Besonderheiten ihres Kindes und dem Thema Autismus-Spektrum lernen Eltern im Laufe der Zeit idealerweise einen geeigneten Umgang, passen sich und ihr unmittelbares Umfeld den Bedürfnissen ihres Kindes an und ermöglichen dadurch mit viel Aufwand (bestenfalls) allen Beteiligten ein einigermaßen »normales« Familienleben (was auch immer dies in der Realität bedeuten mag). Darüber hinaus lernen viele autistische Kinder im Laufe ihrer Entwicklung, sich über einen bestimmten Zeitraum innerhalb verschiedener Systeme (Kindergarten, Schule, ...) möglichst anzupassen und damit in der Öffentlichkeit seltener negativ aufzufallen, da ihnen andernfalls Sanktionen oder gar der Ausschluss droht. Auch sie sehnen sich nicht zuletzt nach Zugehörigkeit, Anerkennung, Liebe und Bestätigung und tun damit alles, um irgendwie mithalten zu können. Durch dieses sogenannte »Masking« wirken diese Kinder – zumindest zeitweise – auf ihre Mitmenschen annähernd »normal« oder auch »alterstypisch«, was dann vom Umfeld meist als »Therapieerfolg« interpretiert wird und manchmal sogar so weit führt, dass die eigentliche Diagnose und damit die Einschränkungen des autistischen Kindes gar in Frage gestellt oder nicht mehr toleriert werden (»Das Kind hat ja bewiesen, dass es sich anpassen kann, wenn es will!«). Dass diese Anpassungsleistung autistischen Kindern nicht dauerhaft und zu jeder Zeit zur Verfügung steht, sie auf die Dauer zu Lasten ihrer (psychischen und physischen) Gesundheit geht, sie ihnen sehr viel Energie und Kraft abverlangt, die ihnen dann für den Rest des Tages (oder auch der kommenden Tage) nicht mehr zur Verfügung stehen, wird hier in der Regel nicht gesehen oder auch annähernd verstanden.

Die Familie wiederum fungiert in diesem Kontext zunehmend auch als »Tankstelle« und »Blitzableiter« (▶ Kap. 1.2.13), um das Funktionslevel des autistischen Kindes möglichst langfristig zu erhalten. Eltern und Geschwisterkinder stecken dabei zurück, halten das autistische Kind auch in schwierigen Phasen aus und ermöglichen und erlauben diesem dadurch – zumindest im familiären Kontext – so sein zu dürfen, wie es ist und es das braucht, ohne sich dauerhaft zu maskieren oder auch verstecken zu müssen. Diese besonderen Herausforderungen und auch Leistungen von Eltern und Geschwisterkindern sind in der Regel nach außen hin unsichtbar, werden innerfamiliär jedoch als selbstverständlich oder auch zwingend erforderlich verstanden und deshalb hingenommen.

Versuchen Eltern über diesen Umstand aufzuklären bzw. ihr näheres Umfeld für diesen zu sensibilisieren und auch immer wieder darauf hinzuweisen, dass diese Anpassung nur eingeschränkt möglich ist, man die vorhandenen Ressourcen des autistischen Kindes nicht überschätzen darf und es damit zwingend erforderlich erscheint, frühzeitig geeignete Rahmenbedingungen zu schaffen, um das betroffene Kind zu entlasten und es dauerhaft nicht zu überfordern, ernten diese häufig nur Verständnislosigkeit oder werden sogar ein wenig belächelt: »*Du kannst das Kind nicht ständig in Watte packen. Du musst einfach auch mal loslassen und das Kind selbstständig werden lassen. Sei doch nicht so eine Helikoptermutter! Da muss das Kind jetzt auch einmal durch!*««

Funktionieren autistische Kinder in der Öffentlichkeit (phasenweise) gut oder bewältigen sie bestimmte Anlässe (Geburtstage, Ausflüge, ...) oder Zeiträume (die ersten Wochen in der Schule nach den Ferien) nach außen hin scheinbar ohne große Schwierigkeiten, brechen sie häufig zu Hause früher oder später in sich zusammen und sind kaum noch in der Lage irgendwelchen Anforderungen standzuhalten. Dieser Aspekt ist für Außenstehende in der Regel nicht sichtbar, da es zu Hause hinter verschlossenen Türen unter Ausschluss der Öffentlichkeit stattfindet und von den Betroffenen meist verschwiegen wird. Damit bleiben jedoch auch das damit verbundene Leid, die Ohnmacht, die Verzweiflung, die Scham, die Ängste, die Selbstzweifel und auch die Kraftlosigkeit der autistischen Kinder im Verborgenen. Eltern hingegen sehen sich jedoch vielmehr mit Kommentaren konfrontiert, wie

- »*Ich weiß gar nicht, was Du immer hast, der Junge hat doch überhaupt nichts!*«
- »*Bist Du Dir sicher mit diesem Autismus?*«
- »*Mein Kind ist ab und zu auch bockig, aber damit ist er doch nicht gleich autistisch...*«
- »*Das mit dem Autismus solltet ihr einfach nicht so hochhängen. Der Junge kommt doch gut klar...*«

Eltern reagieren auf diese Aussagen zunehmend entsetzt oder fühlen sich auch gedemütigt, da diese nicht annähernd das widerspiegeln, was sie Tag für Tag aushalten und leisten müssen. Dennoch fehlen ihnen in diesen Situationen häufig die Worte oder auch geeignete Argumente und es folgt deshalb ein Schweigen, welches wiederum von den Kritiker/innen als Bestätigung angesehen wird. Eltern schweigen jedoch gerade deshalb, weil sie es leid sind, sich ständig erklären und dagegen argumentieren zu müssen, sie sich nicht länger rechtfertigen oder erklären wollen oder man ihnen sowieso nicht glaubt, welche Leistung und Vorbereitung von allen Beteiligten im Vorfeld erbracht wurde/wird, damit das autistische Kind gerade an diesem Tag oder in dieser Situation so gut funktioniert.

Haben die Kinder jedoch einen schlechten Tag bzw. ist deren Anpassungs- und Kompensationsleistung irgendwann aufgebraucht, so dass sie sich zunehmend in der Öffentlichkeit auffällig(er) bzw. herausfordernder verhalten, rücken Eltern wieder vermehrt in den Mittelpunkt der Diskussion, weil sie – im Idealfall – Verständnis für ihre autistischen Kinder zeigen, sie für ihr Verhalten nicht (öffentlich) verurteilen oder sanktionieren, sondern (scheinbar) einfach nur aus- und durchhalten und nicht – wie erwartet – eingreifen. Schlimmstenfalls sind sie in diesem Fall noch Vorwürfen über fehlgeschlagene Erziehung und mangelnde Grenzsetzung ausgesetzt, so dass es bei dieser Familie kein Wunder ist, dass sich »dieses Kind so verhält«.

Eltern vermögen es damit für Außenstehende selten richtig zu machen und müssen dazu noch regelmäßig um die Anerkennung der Beeinträchtigungen ihres autistischen Kindes kämpfen, wohlwissend, dass sie dafür von vielen lediglich belächelt oder zumindest nicht im Geringsten verstanden werden. Dieser Umstand ist für Eltern in vielen Situationen häufig belastender, als das herausfordernde Verhalten des autistischen Kindes.

Damit wirken sich die negativen Konsequenzen der häufig von der Gesellschaft geforderten und erwarteten (bedingungslosen) Anpassung autistischer Kinder, ohne Rücksicht auf ihre individuellen Einschränkungen, auf alle Familienmitglieder aus. Sie kosten auf die Dauer sehr viel Kraft und führen alle Beteiligte im Alltag nicht selten an die eigenen Belastungsgrenzen, so dass sie sich phasenweise nur noch nach Ruhe und Erholung sehnen, sich zurückziehen und damit für anderweitige Kontakte oder Aktionen nicht mehr die nötige Kraft aufbringen können. Dies vermag wiederum auf Dauer innerfamiliär in die Isolation führen, da das Umfeld den (vermeintlichen) Rückzug nicht verstehen kann und diesen wiederum als persönliche Ablehnung oder als Desinteresse interpretiert.

3.1.3 Grenzverletzungen

Aufgrund zahlreicher Wechsel innerhalb der Schulbegleitung auf einer Regelschule, entschieden wir uns als Eltern nach langer Überlegung für einen Schulwechsel auf eine Förderschule mit der Zielsetzung, unter diesen Rahmenbedingungen zukünftig auf die Unterstützung durch eine Schulbegleitung verzichten zu können. Im Vorgespräch mit den Lehrkräften offenbarten wir lediglich eine wichtige Verhaltensregel im Umgang mit unserem Sohn:

»J. darf (insbesondere in angespannten und stressigen Situationen) nicht angefasst oder berührt werden.«

Als wir unseren Sohn – aufgrund einer Eskalation – mal wieder frühzeitig von der Schule abholen mussten, trafen wir die verantwortliche Lehrerin vor dem Klassenraum an, die sich zu diesem Zeitpunkt noch völlig empört wegen des ungebührenden Verhaltens ihres Schülers zeigte und ihn beschimpfte: »So etwas ungezogenes wie dich habe ich in meiner ganzen Schullaufbahn noch nicht erlebt. Du bist gar kein Autist!«

Nachdem wir unseren Sohn aus der Situation genommen und entsprechend deeskaliert hatten, befragten wir die Lehrerin nach dem Situationsverlauf bzw. den Gründen der Eskalation. Sie informierte uns, dass unser Sohn in der Pause vehement nicht auf den Schulhof gehen und sie ihm deshalb verdeutlichen wollte, dass sie darüber nicht mit ihm diskutieren werde. Als sie mit Druck und Worten nicht weitergekommen sei, habe sie ihn schließlich am Arm gefasst und »sanft« aus der Klasse »befördert«. Daraufhin sei er völlig »ausgerastet«, habe sie beschimpft und mit seinen Schuhen nach ihr geworfen. Statt das Verhalten unseres Sohnes zu erklären oder gar zu entschuldigen, zeigten wir als Eltern zunächst unser Unverständnis und verwiesen nochmals auf die Regel, ihn keinesfalls anzufassen. Sie entgegnete uns jedoch lediglich: »Ich habe ihm diese Maßnahme vorher angekündigt, er wusste also, was auf ihn zukommt!« Damit war die Diskussion aus ihrer Sicht beendet und die Verantwortlichkeiten klar.

Wir verließen daraufhin schweigend und fassungslos das Schulgebäude. Unser Gedanke dabei:

»Wenn wir nun ankündigen, dass wir Ihnen gleich eine Ohrfeige geben, wird es für Sie dann einfacher, diese zu ertragen bzw. erleiden Sie dann durch diese Vorwarnung weniger Schmerzen?«

Autistische Kinder und ihre Familien erfahren im Alltag immer wieder zahlreiche Grenzverletzungen sowohl verbaler als auch körperlicher Natur, die ihnen das Leben zusätzlich erschweren und denen sie auch häufig nicht viel entgegensetzen können. Dabei sind es nicht nur Kinder und Jugendliche, die das autistische Kind – aufgrund seiner Andersartigkeit – beleidigen, ausgrenzen oder diskreditieren, sondern insbesondere auch erwachsene Menschen, die sich aufgefordert fühlen, das Kind verbal und körperlich zurechtweisen oder gar züchtigen zu müssen.

Zeigen autistische Kinder in der Öffentlichkeit unangemessene oder ungewöhnliche Verhaltens- und Reaktionsweisen wird in der Regel von den anwesenden Eltern(teilen) erwartet, dass sie unverzüglich eingreifen, das Kind möglichst scharf sanktionieren und ihm damit klare Grenzen aufzeigen, um die Situation möglichst schnell für alle Beteiligten zu beenden. Da dies von den Eltern nicht immer und zu jeder Zeit unmittelbar möglich ist bzw. ihr eigenes Verhalten auch immer erst genauestens abgewogen oder angepasst werden muss, wirken diese auf Außenstehende durch ihre (scheinbare) Untätigkeit verbunden mit ihrer »inneren Ruhe und Gelassenheit« der Situation gegenüber häufig auch teilnahmslos, uninteressiert oder gleichgültig gegenüber dem Verhalten ihrer autistischen Kinder. Dabei wissen Eltern bestenfalls ganz genau, was ihr autistisches Kind in der jeweiligen Situation braucht und was es vor allem nicht braucht. Hat ihr autistisches Kind beispielsweise gerade einen »schwierigen Moment« und zeigt sich aufgrund der vielen (fremden) Menschen, der Lautstärke oder auch einer ungewohnten Umgebung völlig überreizt, überfordert oder auch blockiert, braucht es in der Regel nicht auch noch ihren »pädagogischen Input« als zusätzlichen Reiz von außen, da dies die Situation erfahrungsgemäß für alle Beteiligten nur verschlimmern würde. Dies wird jedoch von Außenstehenden nicht gesehen, verstanden oder beachtet.

Anderseits fühlen sich viele Eltern – nicht zuletzt auch aufgrund mangelnder persönlicher Ressourcen – in bestimmten Situationen mit den wiederkehrenden Verhaltensbesonderheiten ihrer Kinder in der Öffentlichkeit schlichtweg überfordert. Sie reagieren infolgedessen aus Scham mit Erstarrung und fühlen sich – aufgrund der vielen Blicke und negativen Kommentare – absolut blockiert und handlungsunfähig, so dass sie das Verhalten ihrer Kinder scheinbar einfach nur aushalten und hoffen die unangenehme Situation möge ganz schnell vorbeigehen. Auch sind es häufig ihre zahlreichen negativen Erfahrungen und die daraus resultierenden Befürchtungen und Ängste im Vorfeld, die auf Elternseite wiederum Ärger und Schuldgefühle auslösen können, da sie es ja im Prinzip hätten besser wissen und ihrem autistischen Kind diese negative Erfahrung (z. B. den Geburtstag der Patentante, den ihr Kind wie vermutet nicht angemessen bewältigen konnte) hätten ersparen können. Im gleichen Moment übermannt sie in diesem

Zusammenhang noch der Frust, warum derartige Anlässe in ihrer Familie nicht auch einmal unbeschwert, einfach oder auch ohne Zwischenfälle vonstattengehen können.

Greifen Eltern nicht – wie von Außenstehenden erwartet – unverzüglich ein, um das ungewöhnliche oder auch herausfordernde Verhalten des autistischen Kindes unmittelbar zu beenden, so fühlen sich Außenstehende (z. B. andere Familienangehörige, aber auch Fremde) häufig dazu berufen, diesen Part ungefragt zu übernehmen. In diesem Fall werden autistische Kinder nicht selten vor den Augen ihrer Eltern beschimpft, kritisiert, persönlich abgewertet oder auch barsch zurechtgewiesen. Eltern werden damit in diesem Kontext nicht nur als unfähig und unkompetent »vorgeführt«, sondern durch die Grenzverletzung ihrer autistischen Kinder noch zusätzlich beschämt und gedemütigt. Auch körperliche Übergriffe, wie das ungefragte Anfassen, leichtes Schubsen/Schieben oder auch grobes Festhalten und Schütteln des Kindes, um den eigenen Worten mehr Macht, Nachdruck und Durchsetzungsvermögen zu verleihen, sind dabei keine Seltenheit und vermögen das Kind nachhaltig traumatisieren. Kommt es dann in diesen Situationen zu einer weiteren Eskalation bzw. setzen sich autistische Kinder – trotz der körperlichen und strukturellen Überlegenheit Erwachsener oder auch älterer Kinder – »unerwartet« und aus deren Sicht völlig unverhältnismäßig zur Wehr oder verlieren gar die Kontrolle, reagieren diese Menschen mit Schockstarre oder schlimmstenfalls mit Gegengewalt. Ihre eigene Verantwortung oder auch ihr Anteil am Geschehen wird dabei häufig vollkommen ausgeblendet und sie zeigen letztlich noch mehr Unverständnis gegenüber dem Verhalten des Kindes und seiner Eltern.

Eltern sind auch hier wiederum vermehrt gefordert Aufklärung zu betreiben und sich in diesen Situationen schützend vor ihr autistisches Kind zu stellen, selbst dann, wenn sie selbst unter dem herausfordernden Verhalten ihres Kindes leiden. Denn mit jeder negativen Erfahrung des autistischen Kindes steigen auch die Ängste und Selbstzweifel bei allen beteiligten Familienmitgliedern und sie verlieren zunehmend das Vertrauen, die nächste herausfordernde Situation gut bewältigen zu können. Die Wunden, die damit den Kindern und ihren Eltern von außen zugefügt wurden, heilen nur sehr langsam und werden häufig zu Narben, die ihnen ein Leben lang erhalten bleiben.

3.1.4 Sanktionen und negative Konsequenzen

Im Alltag von autistischen Kindern kommt es – nicht zuletzt aufgrund ihrer zeitweise mitunter ungewöhnlichen und herausfordernden Verhaltens- und Reaktionsweisen sowie zahlreicher individueller Überforderungssituationen – im gesellschaftlichen Kontext immer wieder zu (vermeintlichen) Regelverstößen. Von Eltern wird in diesen Situationen in der Regel erwartet (wenn nicht sogar mit Nachdruck eingefordert), dass das Verhalten ihres Kindes auch unmittelbare Konsequenzen nach sich zieht, sie diesem unverzüglich Einhalt gebieten und es bestenfalls noch vor ihren Augen entsprechend sanktionieren. Dabei geraten sie wiederholt in Erklärungs- und Rechtfertigungsnöte, die für sie auf die Dauer sehr belastend sein können. In diesem Kontext erscheint jedoch die Bewertung, ab wann ein Verhalten faktisch als »Herausforderung« oder auch »nicht regelkonform« erachtet wird, – nicht zuletzt auch im Hinblick auf die individuelle Reizschwelle und die persönliche Tagesform aller Beteiligten – äußerst spezifisch und personenabhängig zu sein. Was für die eine Person zu einem bestimmten Zeitpunkt völlig in Ordnung scheint, kann damit in den Augen einer anderen bereits eine klare Grenzverletzung darstellen. Verschiedenen »Systemen« (Familie, Großeltern, Schule) obliegen darüber hinaus auch unterschiedliche »Regelsysteme«, welche für das autistische Kind nicht zwingend auf den ersten Blick ersichtlich, verständlich oder auch eindeutig erscheinen und von Außenstehenden häufig gar nicht gesehen oder berücksichtigt wird. Was zu Hause erlaubt ist, kann somit innerhalb der Schule durchaus zu Sanktionen führen.

Sehen sich Eltern im Familienalltag mit klaren Regelverstößen ihres autistischen Kindes konfrontiert, stehen sie zunächst auch vor unbekannten Aufgaben, für deren Bewältigung ihnen schlichtweg die Handlungskompetenz fehlt, da eigene Erziehungserfahrungen oder in der Vergangenheit erlerntes Wissen in zahlreichen Situationen scheinbar nicht greifen oder funktionieren wollen. Wie man diesen Verstößen adäquat und individuell begegnet, ist hierbei für alle Beteiligten ein andauernder und nie endender Lernprozess aus Versuch und Irrtum, wobei eines jedoch relativ schnell festzustehen scheint: Druck, Androhungen, Strafarbeiten, Verbote oder auch anderweitige negative Konsequenzen oder Sanktionen sind in der Erziehung vieler autistischer Kinder fehl am Platz, da sie von dem Kind in der Regel weder situativ verstanden werden noch langfristig zu einer positiven Entwicklung oder gar Verhaltensänderung beitragen können. Sanktionen scheinen folglich in der Praxis auch keinen dauerhaften, nachhaltigen Lerneffekt auf das autistische Kind zu haben, so dass diese in vielen

Situationen – wenn überhaupt – lediglich einen kurzfristigen Erfolg erzielen, sich jedoch zeitgleich maximal negativ auf das Selbstbild der betreffenden Kinder auszuwirken vermögen. Um ihren autistischen Kindern und deren besonderen Bedürfnissen in den jeweiligen Situationen adäquat begegnen zu können, sind von Eltern häufig vielmehr ein Umdenken und kreative Lösungen gefragt, um letztlich die Ursache für das nicht regelkonforme Verhalten zu erforschen und ihren Kindern eine entsprechende (Verhaltens-)Alternative anbieten zu können.

Bei Androhung oder Aussprechen von Sanktionen durch Dritte (z. B. durch die Schule) vermögen Eltern zudem nicht selten sich schützend vor ihre autistischen Kinder zu stellen, den Sachverhalt genau zu analysieren bzw. zu hinterfragen und gegebenenfalls auch (ungefragt) entsprechende (logische) Erklärungsversuche für das Verhalten des Kindes abzugeben, um damit letztlich die Notwendigkeit der verhängten Sanktion wiederum in Frage zu stellen. Konflikte mit Lehrkräften oder anderen Bezugspersonen sind dabei häufig vorprogrammiert, werden jedoch zum Wohle des Kindes in Kauf genommen.

Grundsätzlich verhält sich kein Kind gerne herausfordernd. Ganz im Gegenteil ist herausforderndes Verhalten in der Regel ein Ergebnis von erhöhtem Stress, Überforderung, Angst, Unsicherheit, Ohnmacht und Hilflosigkeit. Antworten Eltern oder andere Bezugspersonen hierauf dauerhaft mit Sanktionen, verschlimmern sie am Ende das Leid dieser Kinder. Folglich sind Angst, Druck und strukturelle Machtausübung im Umgang mit (autistischen) Kindern generell keine guten Ratgeber und sollten damit lediglich in Ausnahmesituationen Anwendung finden. Sie erhöhen das persönliche Stresslevel des Kindes und führen schlimmstenfalls wiederum zu neuen herausfordernden Verhaltensbesonderheiten und Regelverstößen, um den Stress entsprechend zu kompensieren und wieder Situationskontrolle und Sicherheit zurückzuerlangen. Negative Konsequenzen und Sanktionen sind infolgedessen nicht nur für die Entwicklung des Kindes kontraproduktiv, sondern kratzen dazu an dessen Selbstwertgefühl, bewirken, dass es sich dauerhaft schlecht und ungewollt fühlt, und führen letztlich längerfristig zu keiner positiven Verhaltensänderung.

3.1.5 Rufe nach Selbstständigkeit

Innerhalb der Gesellschaft (Behörden, Schule, Umfeld) wird auch von autistischen Kindern – nicht zuletzt im Hinblick auf ihre »kostenintensive« Förderung (sofern sie denn überhaupt stattfindet) – mit zunehmendem Alter eine (schnelle) Zunahme an Selbstständigkeit (ein-)gefordert. Eltern versetzt dieser Aspekt wiederum häufig in Erklärungs- und Rechtfertigungsnöte, da sie im Sinne ihres autistischen Kindes hier immer wieder auf die »Bremse« drücken müssen. Dabei geht es ihnen gar nicht darum ihre Kinder fortwährend in »Watte zu packen«, sie »klein« zu halten oder ihre Verselbstständigung gar verhindern zu wollen, sondern sie vor allem vor

- dauerhafter Überforderung und Zusammenbrüchen,
- Gefahrensituationen, z. B. aufgrund der Überschätzung ihrer individuellen Alltagskompetenzen wie es etwa im Straßenverkehr vorkommen kann,
- wiederholten Misserfolgen und dadurch wachsenden Selbstzweifeln und Ängsten,
- Ausgrenzungs- und Mobbingerfahrungen
- etc.

zu schützen und ihnen damit im Rahmen ihrer individuellen Möglichkeiten einen Alltag zu bieten, den sie möglichst stress- und reizarm für sich selbst »erfolgreich« und ohne große Reibungsverluste bewältigen können.

Bei dem gesellschaftlichen Ruf nach »mehr« Selbstständigkeit der Kinder wird infolgedessen häufig übersehen, dass es sich bei vermeintlich »einfachen« Tätigkeiten, wie z. B. dem Zähneputzen, dem Sortieren von Arbeitsmaterialien vor Beginn der Schulstunde oder auch dem Schuhe-binden, isoliert betrachtet, meist um äußerst komplexe Handlungsstränge handelt, die von autistischen Kindern im Alltag nur selten spielerisch oder intuitiv erlernt bzw. automatisiert bewältigt werden. Aufgrund ihrer häufig erheblich eingeschränkten exekutiven Funktionen (alles, was den Bereich der Handlungsleitplanung oder der angepassten Verhaltenssteuerung betrifft) oder auch vorhandener motorischer Defizite, können diese Fertigkeiten meist nur mit hohem Energieaufwand, unter sehr kleinschrittiger Anleitung und mit viel Geduld erlernt und im Alltag umgesetzt werden. Haben autistische Kinder schließlich eine neue Fertigkeit erlernt, bedeutet es für sie meist noch lange nicht, dass sich diese in ihrem Alltag auch bereits automatisiert, ritualisiert oder gar generalisiert hat, sie diese also auch – ohne großen Energieaufwand – auf andere Alltagssituationen übertragen können. Zu Beginn wird das Ausführen der neuen Fertigkeit oder auch das dauerhaft »fehlerfreie« Gelingen derselben noch stark abhängig von ihrer individuellen Tagesform sein und sie darüber hinaus weiterhin viel Kraft und Anstrengung kosten, die ihnen an manchen Tagen vielleicht auch schlichtweg fehlen oder ihnen dann für die Bewältigung anderer Alltagsherausforderungen nicht mehr zur Verfügung stehen. Weiterhin kommt hinzu, dass sich mit jeder neu erlernten Fähigkeit, die letztlich der Verselbstständigung des autistischen Kindes dient, auch der (gesellschaftliche) Erwartungsdruck auf ebendieses Kind erhöht, nun zukünftig auch andere Alltagstätigkeiten (wie selbstverständlich) ausführen oder zumindest zeitnah erlernen zu können (bzw. auch zu müssen): »*Das Kind kann jetzt ja endlich seine Zähne putzen, dann kann es auch zukünftig die Klobürste benutzen. Das ist ja gar nicht so schwer!*«

Der jeweilige Energie- und Kraftaufwand, welcher dabei von den Betroffenen abverlangt wird, bleibt hier unberücksichtigt oder wird von Außenstehenden schlichtweg nicht gesehen oder unterschätzt. Aus diesem Grund werden autistischen Kindern von ihren Eltern viele Tätigkeiten im Alltag abgenommen, da bei anstehenden Anforderungen auch immer wieder – je nach Tagesform – Prioritäten überprüft und gegebenenfalls (neu) gesetzt werden müssen. Ihnen reicht damit häufig das Wissen, dass ihr Kind die entsprechende Fertigkeit beherrscht (z. B. das Schuhe binden), sie erwarten aber im Gegenzug dazu nicht zu jedem Zeitpunkt, dass es diese auch zwingend anwenden muss, wenn es damit in der jeweiligen Situation an seine individuellen Grenzen stößt oder dafür seine letzten Ressourcen aufbrauchen muss.

Die Aufgabe der Eltern ist es am Ende immer wieder ein Gleichgewicht aus fördern, fordern und entlasten zu schaffen, um ihre autistischen Kinder vor überzogenen oder unrealistischen Erwartungen und Anforderungen von außen zu schützen und sie damit nicht dauerhaft in die Überforderung zu schicken, die dann schlimmstenfalls darin mündet, dass sie am Ende gar nichts mehr zu leisten oder zu bewältigen vermögen.

3.1.6 Sozialer Rückzug bis hin zur Isolation

Familien mit autistischen Kindern leben oftmals sozial sehr zurückgezogen, wenn nicht sogar vollkommen gesellschaftlich isoliert – ein Umstand, der in der Regel nicht auf Freiwilligkeit beruht. Die Gründe hierfür können äußerst vielfältig sein, liegen jedoch häufig nur bedingt im direkten Einflussbereich der einzelnen Familienmitglieder. Auch wenn sie phasenweise unter der Isolation und der Einsamkeit leiden, finden sie sich meist früher oder später damit ab, da sie der Kampf um eine familiäre Teilhabe am Ende viel Kraft und Energie kostet, die ihnen im Alltag nur selten in ausreichendem Maße zur Verfügung stehen.

Nehmen die Verhaltensbesonderheiten des autistischen Kindes in der Öffentlichkeit zu, ist es keine Seltenheit, dass auch das nähere Umfeld der

Familie vermehrt auf Distanz geht, da sie beispielsweise das Kind selbst über einen längeren Zeitraum hinweg kaum auszuhalten vermögen, sich mit der Situation überfordert fühlen oder auch den familiären Umgang generell missbilligen. Müssen sich Eltern im Gegenzug dazu für das ungewöhnliche Verhalten ihres autistischen Kindes wiederholt rechtfertigen, entschuldigen oder erklären, vergeht ihnen mit der Zeit auch die Lust und der Spaß an anderweitigen Sozialkontakten, so dass diese auch von ihrer Seite auf ein Minimum reduziert und nach außen hin nur noch der familiären Pflichterfüllung dienen. Auch der in den Kontakten immer wiederkehrende (unfaire) Vergleich mit anderen gleichaltrigen oder auch jüngeren Kindern, mit denen ihre autistischen Kinder jedoch nicht mitzuhalten vermögen, stößt Eltern vermehrt vor den Kopf und offenbart ihnen, dass das Thema Autismus-Spektrum, trotz zahlreicher Bemühungen, nicht verstanden bzw. die Einschränkungen des eigenen Kindes nicht annähernd berücksichtigt werden. So werden in diesem Kontext beispielsweise auch Treffen mit Freund/innen und deren (gleichaltrigen) Kindern auf ein überschaubares Maß reduziert, da

- Freund/innen sich um das Wohl ihrer eigenen Kinder sorgen und z. B. durchweg Übergriffe des autistischen Kindes befürchten,
- die Kinder (häufig) keine gemeinsamen Interessen haben, keinen guten Kontakt zueinander finden oder auch nichts miteinander anzufangen wissen,
- die Eltern meist im Kontakt kurz angebunden erscheinen, instabil wirken und offensichtlich wenig Ressourcen zur Verfügung haben, was ihnen nicht selten von der anderen Seite auch als mangelndes Interesse ausgelegt werden kann,
- Freund/innen den Stress, die Anspannung und die Erschöpfung der Eltern nicht verstehen, nachvollziehen oder ertragen können,
- Eltern sich im Schein gut »funktionierender«, scheinbar wohlerzogener Kinder umso mehr gedemütigt oder vorgeführt fühlen, gerade dann, wenn sich ihr eigenes autistisches Kind wiederholt im Kontakt herausfordernd zeigt,
- Freund/innen sich häufig dazu hinreißen lassen (ungefragt) gute »Rat-Schläge« zu erteilen und offene Kritik an den Eltern oder auch gegenüber dem autistischen Kind zu äußern,
- die eigenen Themen, Schwerpunkte, Haltungen und damit letztlich auch der Blick auf die Welt sich verändern und dauerhaft nicht miteinander kompatibel erscheinen oder

- den Beteiligten die familiäre Situation mit all ihren Herausforderungen schlichtweg zu anstrengend ist, so dass letztlich niemand das Treffen wirklich genießen kann.

Gehen Eltern von sich aus – zum Selbstschutz oder mangels persönlicher Ressourcen – zunehmend auf Abstand, so zerbrechen häufig auch langjährige Freundschaften, ein Prozess, der für diese neben der eigenen Überforderung und Ohnmacht, noch zusätzlich äußerst belastend sein kann, da man nicht selten an den gemeinsamen Erinnerungen und schönen Erlebnissen verhaftet, die sie vor Geburt der Kinder zusammen verbrachten. Eine Zeit, die in diesen Momenten für immer verloren scheint.

Ob Vereinsausflüge, Geburtstage, Schul- und Straßenfeste: Dort wo sich andere Familien mit ihren Kindern »unverbindlich« treffen, um gemeinsam eine schöne Zeit miteinander zu verbringen, sind Eltern mit ihren (scheinbar unberechenbaren) autistischen Kindern häufig »unerwünscht« oder »störend«. Selten wird bei der Planung derselben auf die individuellen Bedürfnisse dieser Kinder entsprechend Rücksicht genommen und ihnen damit eine »unkomplizierte« oder auch realistische Teilnahme ermöglicht, so dass ein Scheitern der Veranstaltung nach Sichtung des Programms häufig bereits von Beginn vorprogrammiert scheint und Eltern mit autistischen Kindern damit gar nicht erst teilnehmen, um allen Beteiligten – vor allem sich selbst und dem Kind – eine Eskalation zu ersparen. Auch dieser Aspekt macht langfristig jedoch einsam, da sich Familien mit autistischen Kindern immer weniger willkommen oder eingeladen fühlen und letztlich auch im Laufe der Zeit gar nicht mehr eingeladen bzw. schlichtweg »vergessen« werden.

Entscheiden sich die Eltern dennoch hin und wieder auch für eine Teilnahme, ist ihnen die Anspannung jedoch in der Regel deutlich anzusehen und lässt sich auf Dauer auch nicht verbergen. Eltern vermögen diese Veranstaltungen oder Aktivitäten auch selten wirklich genießen, da sie ihr autistisches Kind ständig im Blick haben müssen, dessen Anpassungsleistungen schlimmstenfalls früher oder später versagen, so dass es zu »unschönen« Zwischenfällen kommt. Selbst wenn es das autistische Kind schafft, die Herausforderung gut zu bewältigen, wissen sie insgeheim, dass der »Ärger« spätestens zu Hause beginnt und sie an den Folgetagen wieder als »Tankstelle« herhalten müssen (▶ Kap. 1.2.13), so dass sich spätestens dann die Frage stellt, ob die Teilnahme an der Veranstaltung dies wirklich wert gewesen ist.

Aber auch das Knüpfen neuer, dauerhafter Kontakte oder gar Freundschaften für sich und ihre autistischen Kinder stellt Eltern häufig vor schier unüberwindbare Herausforderungen. So werden autistische Kinder beispielsweise nur selten von Gleichaltrigen zu Geburtstagen eingeladen (oder an diesen geduldet) und haben in der Regel wenig Kontakt zu Klassenkamerad/innen oder Nachbarschaftskindern, so dass auch hier wiederum wenig Kontakt zu den betreffenden Eltern besteht. Darüber hinaus verbleiben Eltern häufig nur wenige (zeitliche) Ressourcen für eigene Hobbies oder auch Freizeitaktivitäten, bei denen sie gegebenenfalls mit neuen Menschen in Kontakt treten können. Auch der Kontakt zu Selbsthilfe- und Angehörigengruppen erscheint nicht für jedermann/jedefrau geeignet, um längerfristig tragfähige Alltagskontakte aufzubauen.

Schaffen es Eltern dennoch – nach langer Suche – einen funktionalen Familienkontakt mit dem eigenen Familiensystem fest zu verankern, verspüren alle Beteiligten Erleichterung und zeigen sich äußerst bemüht, diesen gut zu pflegen und entsprechend dauerhaft aufrechtzuerhalten. Kommt es hier jedoch zeitweise zu offenen Konflikten, droht das ganze (instabile) Konstrukt schnell in Frage gestellt zu werden und letztlich in sich zusammenzubrechen, so dass Eltern und ihre autistischen Kinder am Ende den Mut und die Kraft verlieren, sich aktiv nach neuen Kontakten umzuschauen und an anderer Stelle wieder von vorne anzufangen. Ergo bleiben sie am Ende lieber unter sich und nehmen damit die eigene Isolation automatisch in Kauf.

Gerade in Zeiten, in denen ihre (autistischen) Kinder noch klein sind, fällt es Eltern deshalb oftmals sehr schwer tragfähige Kontakte aufrechtzuerhalten/zu pflegen und regelmäßig am Sozialleben teilzunehmen, da ihnen beispielsweise häufig geeignete Babysitter fehlen oder das Kind – aufgrund seiner Fixierung (▶ Kap. 1.2.5) – keine andere Bezugsperson zuzulassen vermag. Auch fühlen sie sich im Alltag aufgrund der zahlreichen familiären Herausforderungen häufig erschöpft oder es fehlen ihnen schlichtweg zeitliche Ressourcen, um regelmäßigen Treffen beizuwohnen. Viele Termine müssen aufgrund ihres autistischen Kindes von Vornehrein abgesagt oder Zusagen auch kurzfristig wieder storniert werden, da es z. B. die Tagesform des Kindes nicht zulässt. Werden die Kinder älter, so dass sie zumindest stundenweise auch allein bleiben können, gibt es jedoch auf Elternseite meist nicht mehr viele Freundschaften oder Kontakte, mit denen sie sich treffen und eine schöne Zeit verbringen können. Mit jedem Kontakt- und Beziehungsabbruch steigt damit auch die familiäre Einsamkeit und Isolation, so dass sich alle Beteiligten am Ende scheinbar nur noch innerhalb der Familie wirklich wohl, sicher und geborgen fühlen, auch wenn dieser Rahmen im Alltag auch immer wieder zahlreiche Herausforderungen in sich birgt.

3.2 Umgang mit Behörden und anderen Hilfesystemen

Haben Eltern mit ihren autistischen Kindern den langen und kräftezehrenden Weg der Diagnostik erfolgreich hinter sich gebracht, erfolgt meist die Suche nach geeigneten Hilfe- und Förder- bzw. finanziellen Unterstützungssystemen verbunden mit der Kontaktaufnahme zu unterschiedlichen Behörden (Versorgungsamt, Jugendamt, Sozialamt) und dem Stellen zahlreicher Anträge. Diese Wege müssen sich Eltern häufig – trotz begrenzter Ressourcen – in mühevoller Kleinarbeit selbst erarbeiten, da ihnen eine adäquate Begleitung und Unterstützung zum Zeitpunkt der Diagnose in der Regel nicht zur Verfügung steht. So müssen sie sich in diesem Kontext nicht nur mit entsprechenden Unterstützungs- und Therapiemöglichkeiten intensiv auseinandersetzen, sondern sich zudem noch die verschiedenen Antragswege und Zuständigkeiten selbst erarbeiten, diese verstehen und entsprechend beachten, um wiederum möglichst zeitnah auf langen Wartelisten von Förderzentren aufgenommen zu werden, ohne dass sie in dieser Zeit konkrete Entlastung und Unterstützung im Alltag erfahren.

Dabei machen Eltern im (undurchsichtigen) Dschungel des Hilfesystems verschiedener Behörden und Verwaltungsapparate immer wieder auch zahlreiche unschöne Erfahrungen, die sie sprachlos machen und den ganzen Aufwand, den sie hierfür betreiben (sollen), auch vermehrt in Frage stellen etwa hinsichtlich Kosten und Nutzen. So entsteht bei ihnen beispielsweise nicht selten der Eindruck, als gehe es bei der Bescheidung von Anträgen nicht in erster Linie um eine adäquate und passgenaue Unterstützung der/des Hilfesuchenden, sondern um vorgefertigte »Pauschallösungen« verbunden mit einer möglichst effizienten Kostenersparnis der Behörden. Ablehnungen in der ersten Instanz, trotz klarer und offensichtlicher Rechtsansprüche, sind dabei oftmals eher die Regel statt die Ausnahme und führen dazu, dass Familien schlichtweg an ihre Grenzen geraten und letztlich auf (finanzielle) Ansprüche gänzlich verzichten, da ihnen im Alltag nicht genügend Ressourcen zur Verfügung stehen, um den Kampf um ihre Rechte bis zum Ende durchzustehen.

Betrachtet man in diesem Kontext jedoch die gesetzlichen Rahmenbedingungen der Eingliederungshilfe, so lässt sich grundsätzlich festhalten, dass diese den Hilfesuchenden bzw. deren gesetzlichen Vertreter/innen und auch der zuständigen Behörde im Prozess der Hilfegewährung – unter Berücksichtigung der Verhältnismäßigkeit – sicherlich zahlreiche Möglichkeiten und Freiräume für kreative (Einzelfall-)Lösungen bieten. Hilfen könn(t)en damit praktisch individuell auf den bestehenden Bedarf abgestimmt werden. Infolgedessen sollte insbesondere die Leistungsform des persönlichen Budgets dem/der Leistungsberechtigten bzw. deren gesetzliche Vertreter in eigener Verantwortung ein annähernd selbstbestimmtes Leben ermöglichen. Die entsprechenden Unterstützungsmaßnahmen, die ausführenden Träger oder die Fachkräfte können dadurch beispielsweise von den Hilfesuchenden frei gewählt und auf den individuellen Bedarf abgestimmt/angepasst werden, was den Erfolg einer Hilfemaßnahme sicherlich stark beeinflussen kann. Dennoch tun sich in der Praxis erfahrungsgemäß viele Behörden scheinbar (noch) sehr schwer, diese Freiräume auch kreativ zu nutzen und beispielsweise über diese Hilfen offen aufzuklären bzw. entsprechende Anträge (zeitnah) positiv zu bescheiden, obwohl sich Betroffene oder auch Eltern in diesem Kontext oftmals sehr engagiert zeigen: Sie recherchieren stundenlang, kümmern sich eigenverantwortlich um die Organisation und Umsetzung der Hilfen und ersparen damit der Behörde letztlich viel Arbeit und im Einzelfall sicherlich auch viel Geld. Dabei werden sie jedoch nicht selten von der Behörde spätestens auf der Zielgeraden gestoppt bzw. »abgewürgt« und im Gegenzug auf einen festen und häufig auch sehr starren (pauschalisierten) Leistungskatalog zu gewährender Hilfen mit klar ausgewählten Leistungserbringern verwiesen, ohne das Engagement und die Vorarbeit ansatzweise zu würdigen oder auch die individuellen Besonderheiten oder Bedürfnisse des/der Einzelnen zu berücksichtigen bzw. respektieren.

Eine authentische Kooperation auf Augenhöhe – wie sich dies viele Eltern und Betroffene wünschen (▶ Kap. 4.2) – findet infolgedessen in der Regel selten statt. Eltern fühlen sich vielmehr als »Bittsteller« oder auch als »ein Aktenzeichen unter vielen«, welches formal abgearbeitet wird, ohne dabei die familiären Konstellationen und Besonderheiten oder auch die individuellen Geschichten und Zusammenhänge dahinter annähernd zu verstehen oder auch wertzuschätzen. Das persönliche Schicksal oder der individuelle Hilfebedarf aller beteiligten Familienangehörigen stehen damit scheinbar eher selten im Mittelpunkt der Entscheidung, obwohl beispielsweise die rechtlichen Rahmenbedingungen der Eingliederungshilfe im Zuge des Ermessens den zuständigen Behörden hier prinzipiell viele Möglichkeiten eröffnen. Dennoch wird selten einem Antrag auf Gewährung von Hilfe- und Unterstützungsleistungen problemlos, unbürokratisch und zügig stattgegeben. So werden immer wieder Hilfeansprüche, konkrete Bedarfe oder Diagnosen genauestens hinterfragt, neue Nachweise und Stellungnahmen verschiedenster Institutionen (Kliniken, Kindergarten, Schule) verlangt, zeitintensive Krisengespräche, Fallteams und runde Tische im Vorfeld einer Entscheidung eingefordert bzw. einberufen, welche die Bescheidung weiter hinauszuzögern scheinen. Schlimmstenfalls muss seitens der Eltern zunächst erst mit einer Untätigkeitsklage gedroht werden, damit die Behörde den Antrag überhaupt bearbeitet oder bescheidet. Auch gehen in der Praxis häufiger Unterlagen auf dem Postweg »verloren« und müssen damit von den Eltern wiederholt beschafft und eingereicht werden, was auf Dauer sehr aufwendig und frustrierend sein kann. Alles Taktik?

Hilfesuchende Familien werden durch diese Vorgehensweise langfristig jedoch zermürbt und mit unnötig langen und komplizierten Verfahren mit ihrem Hilfegesuch schlichtweg allein gelassen. Ob Widersprüche oder auch Klageerhebungen – es kostet die Hilfesuchenden oder deren Angehörige viele Nerven, viel Zeit, mitunter auch viel Geld und vor allem sehr viel Kraft, die ihnen dann an anderer Stelle wieder fehlt.

»Das persönliche Budget? Gibt es bei uns nicht!«
»Anspruch auf Trägerwahl bei der Inanspruchnahme einer Schulbegleitung? Wir kooperieren nur mit dem Träger XY.«

Solange es im Behördenapparat jedoch lediglich

- vordergründig um Kostendeckelung geht,
- die Fallzahlen der einzelnen Mitarbeiter/innen so hoch sind, dass individuelle Bedarfe in den Hintergrund rücken und lediglich eine pauschalisierte, formal-juristische Bearbeitung erfolgt,
- das Hilfesystem damit nicht vorrangig für den Hilfesuchenden da zu sein scheint und
- der/die Hilfesuchende immer noch als Bittsteller auftreten muss, der im Prinzip für jede Hilfegewährung dankbar sein sollte,

wird sich daran leider auch langfristig nichts ändern. Dieser Umgang mit Hilfesuchenden bzw. deren Angehörigen bleibt allerdings in der Praxis letztlich selten ohne Konsequenzen und mündet infolgedessen im Hilfeprozess in zahlreichen Fällen in gegenseitigem Kräftemessen und energieraubenden Machtkämpfen (▶ Kap. 3.2.1), aus denen am Ende in der Regel jedoch nur Verlierer hervorgehen.

3.2.1 Machtkämpfe und gegenseitiges Kräftemessen

Wird – häufig nach zähem Ringen und Aushandeln bzw. mit viel Geduld, Kulanz und Ausdauer aller Beteiligten – seitens der Behörde einer individuellen Hilfemaßnahme zugestimmt, können jegliche Abweichungen erfahrungsgemäß dazu führen, dass sich die Behörde erneut (ungefragt) in den Prozess einschaltet und diesen torpediert oder schlimmstenfalls sogar abbricht, obwohl alle Prozessbeteiligten sich im Hintergrund nicht selten mit viel Engagement und Transparenz darum bemühen, die bestehende Maßnahme zum Wohle des/der Hilfesuchenden möglichst zu einem Erfolg zu bringen. Traut man sich dann noch im Konfliktfall als Eltern beispielsweise auf klare Missstände der Behörden (z. B. Untätigkeit, mangelnde Ansprechbarkeit/Erreichbarkeit) oder des kooperierenden Hilfesystems (z. B. Nichterbringen zugesagter Leistungen) hinzuweisen und damit den Finger in deren eiternde Wunde zu legen, haben diese oftmals am Ende weitgehende Konsequenzen bis hin zur (unrechtmäßigen) Versagung von Hilfen zu befürchten. Unschlagbare Rechtsgrundlage hierfür ist notfalls die »fehlende Mitwirkung und Kooperationsbereitschaft des/der Hilfesuchenden«, die diesen – häufig nicht nachvollziehbaren – Schritt seitens der Behörde (vorläufig) rechtfertigen und absichern soll. Nicht selten wird dabei der Rechtsanwalt/die Rechtsanwältin langfristig zum/zur engen Vertrauten der Eltern.

> Nach erheblichen Konflikten mit einer Mitarbeiterin des Jugendamts und des damit verbundenen Vertrauensverlustes zogen wir als Eltern vorläufig die erteilte allgemeine Schweigepflichtentbindung zurück. Damit war es der Mitarbeiterin vorerst formal nicht mehr möglich, ohne Absprache oder auch unser Einverständnis bzw. ohne unsere Anwesenheit mit Lehrkräften zu kommunizieren, was ihr die Arbeit sicherlich erschwerte, jedoch aus unserer Sicht nicht unmöglich machte.
>
> In einem Krisengespräch in der Behörde unter Hinzuziehung der Vorgesetzten setzte man uns Eltern vermehrt unter Druck, dass man die Hilfeleistung einstellen würde, wenn wir nicht zeitnah die Schweigepflichtentbindung wieder unterschrieben. Auf Befragen hin, wo es denn im Gesetzestext verankert sei, dass dies eine grundsätzliche Voraussetzung für die Gewährung der Hilfe darstelle, so dass wir im Prinzip gezwungen seien, hier einzulenken, verfiel man zunächst in Schweigen. Nach kurzer Pause räumte man uns dann eine Bedenkzeit von einigen Wochen ein, jedoch mit dem Hinweis: *»Wenn Sie das Formular nicht bis zu diesem Zeitpunkt unterschreiben, werden wir die Hilfe vorläufig einstellen. Sie wissen ja sicherlich, wie lange der Weg der Klage dauern kann!«*

In diesem Kontext kommt es damit nicht selten auch zu klaren Rechtsbrüchen der Behörde, indem beispielsweise Anträge »verloren« gehen, Eltern falsche Auskünfte erteilt, erforderliche Verwaltungsprozesse (bewusst/versehentlich) übergangen, (vorübergehend) ausgesetzt oder auch Fristen »verschleppt« werden, was sich dann jedoch auf Elternseite nur schwer nachweisen lässt. Auch auf der Ebene der Behördenleitung treffen Eltern in diesen Fällen mit ihren Anliegen häufig auf eine Mauer des Schweigens und damit auf bedingungslose Rückendeckung des Mitarbeiters/der Mitarbeiterin, so dass ihre häufig durchaus berechtigten Beschwerden selten Gehör finden. Zuständige (erfahrene) Fallbearbeiter/innen ziehen sich dabei im Konfliktfall häufig auf formelle Handlungsstränge und Leitlinien zurück, verstecken sich bei ihren Stellungnahmen und Entscheidungen hinter juristischen Floskeln und konzentrieren sich (scheinbar) bei jedem Folgeschritt in erster Linie auf ihre formale und verwaltungsrechtliche Absicherung, um sich letztlich nach außen nicht angreifbar zu machen. Für den eigentlichen Hilfeprozess erscheint diese Handhabung jedoch sicherlich in den meisten Fällen nicht förderlich oder gar zielführend, für Hilfesuchende und deren Eltern teilweise auch völlig kontraproduktiv oder absurd.

Unser autistischer Sohn musste in der Vergangenheit, trotz klarem Rechtsanspruch, über mehrere Wochen hinweg ohne Schulbegleitung den Unterricht bewältigen, was letztlich zu einem Zusammenbruch führte und in einem Schulwechsel mündete, da er für das System am Ende nicht mehr tragbar war. Trotz unserer zahlreichen, verzweifelten Hilferufe wurde von Seiten der Behörde (scheinbar) nur zugesehen, abgewartet und nicht interveniert, unsere Anfragen damit nicht ernst genommen und völlig ignoriert.

Als wir im Zuge eines erneuten Konflikts im Hilfeprozess die zuständige Behördenmitarbeiterin mit dieser Tatsache konfrontierten und sie damit auch direkt in die Verantwortung nahmen, kommunizierte diese nur noch schriftlich mit uns und übersendete uns bei konkreten Anfragen (ohne Auftrag) »unpassende« Kontaktadressen, an die wir uns als Eltern mit unserem Anliegen (z. B. Suche nach einer Vertretung der Schulbegleitung) wenden könnten. Obwohl wir die Eignung dieser Beratungsstellen von Beginn an anzweifelten, nahmen wir dennoch Kontakt auf, wurden jedoch in unserer Einschätzung sehr schnell bestätigt, da sich keine dieser Stellen für unser Anliegen tatsächlich zuständig oder auch geeignet fühlte. Wir bekamen damit lediglich »oberflächliche« Informationen, die uns allesamt bereits bekannt waren, jedoch nicht zur Lösung des Problems beitragen konnten.

Die Interventionen der Behördenmitarbeiterin waren damit keineswegs zweckdienlich oder zielführend, kosteten uns und sie nur unnötig zeitliche Ressourcen und dienten unserer Ansicht nach lediglich ihrer

> formell-juristischen Absicherung, um im Hilfeprozess und in der Fallakte schriftlich nachweisen zu können, dass sie auf unsere Anfrage zügig reagiert und ihrer »Beratungsfunktion« (vermeintlich) nachgekommen ist.

Dieses Beispiel ist sicherlich kein Einzelfall, zeigt jedoch sehr gut, wie das Behördensystem (vermeintlich) funktionieren kann, ohne dass einzelne Mitarbeiter/innen zur Verantwortung gezogen werden können. Statt persönliches Versagen oder Fehlverhalten von Mitarbeiter/innen in der Praxis aufzuarbeiten bzw. Widersprüche oder auch dysfunktionale Strukturen innerhalb des Behördenapparats zu erkennen, zu analysieren und gegebenenfalls zu klären und zu verändern, versucht man diese in der Praxis häufig zu »vertuschen«, zu umgehen oder gar formal zu rechtfertigen, was auf Betroffenen- oder auch Elternseite nicht selten zu einem erheblichen Vertrauensverlust führen kann. Eltern und Hilfesuchenden wird in diesem Kontext oftmals vermittelt, dass sich Behörden bzw. deren Mitarbeiter/innen scheinbar alles erlauben können, sie selbst jedoch im Hilfeprozess möglichst widerstandslos zu funktionieren haben, sich anpassen bzw. keinen Ärger machen sollen, um die »konstruktive« Zusammenarbeit nicht zu gefährden und damit die Versagung der beantragten Hilfeleistung nicht zu riskieren. Weiterhin entsteht dabei der Eindruck, dass eine positive und zügige Bescheidung von Hilfen nicht selten von der Kulanz und dem Wohlwollen der zuständigen Behördenmitarbeiter/in abhängt, was sicherlich vom Gesetzgeber nicht gewollt sein kann. Eltern sind infolgedessen auch immer wieder darauf angewiesen und müssen vorrangig möglichst alles dafür tun, dass ihnen die Mitarbeiter/innen der entsprechenden Behörden wohlgesonnen und ergebnisoffen gegenübertreten, da die Entscheidungsgewalt und damit das Machtverhältnis auch hier klar verteilt scheint.

> Aufgrund andauernder Konflikte zwischen unserem autistischen Sohn und seiner Schulbegleitung, entschieden wir uns schließlich, das Beschäftigungsverhältnis zu beenden und nach einer Alternative zu suchen. Für die Übergangszeit übernahm ich (im Rahmen des persönlichen Budgets) nach Rücksprache mit der Klassenlehrerin und der Schulleitung die Vertretung der Schulbegleitung, um die erzielten Fortschritte im Unterricht nicht zu gefährden, was wir dem Jugendamt auch im Vorfeld formal transparent machten.
>   Hier erhielten wir kurz darauf die Rückmeldung, dass mir, nach ausführlicher Prüfung im Team, die Vertretung der Schulbegleitung zwar formal zugesagt werde, jedoch nur »ehrenamtlich« und damit ohne entsprechende Vergütung, obwohl das entsprechende Budget bereits ge-

nehmigt war und ich dazu noch alle formalen Anforderungen und Kriterien der ausgearbeiteten Zielvereinbarung erfüllte. Eine rechtlich nachvollziehbare Begründung für diese – aus Elternsicht absurde Entscheidung – erfolgte nicht. Auch gab es im Gegensatz dazu keinerlei Ansätze, das persönliche Gespräch mit uns zu suchen, um – zum Wohle des Kindes – gemeinsam nach alternativen und tragfähigen Lösungsmöglichkeiten zu suchen.

Da es bereits in der Vergangenheit immer wieder Konflikte bei der Genehmigung oder Ausgestaltung von Hilfen gab, die wir als Eltern jedoch in der Regel zu Gunsten unseres Sohnes entschieden, fühlte es sich nunmehr so an, als sei die Behörde gar nicht an einer adäquaten und unkomplizierten Lösung interessiert, sondern sehe in dieser Entscheidung eine Möglichkeit sich bei »widerständigen und unbequemen« Eltern zu »revanchieren«.

Neben dem Vertrauensverlust und dem Schwinden der Hoffnung der Prozessbeteiligten auf eine konstruktive Lösung kann es auf beiden Seiten (Hilfesuchende/Eltern vs. Behörde) auch immer wieder zu einem gegenseitigen Kräftemessen verbunden mit (destruktiven) Machtkämpfen (▶ Tab. 3.1) kommen, die alle Parteien dauerhaft zermürbt, sie zahlreiche Ressourcen kostet und bei denen es am Ende keine Gewinner gibt.

Tab. 3.1: Gegenseitiges Kräftemessen im Konflikt Eltern/Hilfesuchende vs. Behörde

Eltern/Hilfesuchende	Behörde
akribische Dokumentation aller Handlungsschritte und Reaktionen, um Fehlverhalten nachzuweisen	bedingungslose Rückendeckung der Mitarbeiter/innen durch die Behördenleitung
wiederholte Anfragen, um Druck aufzubauen und eine Entscheidung zu erzwingen	besonderes Augenmerk auf korrekte Aktenführung und Dokumentation
(fortwährendes) Sammeln von sachdienlichen Argumenten, um das eigene Handeln bzw. das Anliegen zu rechtfertigen, zu begründen und zu untermauern	Ignorieren/Abweisen von Anfragen oder Weiterleitung an zuständige Rechtsabteilung
Entzug der Schweigepflichtentbindung, um die Behörde nach außen hin zu begrenzen bzw. vorübergehend handlungsunfähig zu machen	Verstecken hinter Formalitäten und rechtlichen Floskeln, um das Gegenüber »mundtot«/handlungsunfähig zu machen

Tab. 3.1: Gegenseitiges Kräftemessen im Konflikt Eltern/Hilfesuchende vs. Behörde – Fortsetzung

Eltern/Hilfesuchende	Behörde
Öffentlichkeit schaffen und Einbeziehung beteiligter Kooperationspartner/innen, um sich Rückendeckung zu verschaffen und nicht allein dazustehen	Versäumnis oder wiederholte Verlängerung von Fristen, um den Prozess möglichst lang hinauszuziehen, Eltern/Hilfesuchende zu zermürben und zur Aufgabe zu zwingen
etc.	Androhung von Konsequenzen bis hin zur (vorläufigen) Einstellung von Hilfen, um Druck aufzubauen
	etc.

- Einstellung des persönlichen Kontakts inklusive Telefonate
- Aussetzung der Hilfe-/Förderplangespräche
- Kommunikation (ausschließlich) auf dem Schriftweg, über Anwälte oder Gerichte
- Verfassung (aufwendiger) Stellungnahmen, um das eigene Handeln zu rechtfertigen und das Fehlverhalten der Gegenpartei aufzuzeigen
- aktive Suche nach Verbündeten (kooperierende Träger, weitere Betroffene, …)
- Forderung nach Konsequenzen, um die eigene Integrität zu wahren
- gegenseitiges Ausspielen ohne Rücksicht auf Verluste, um die eigene Position zu stärken
- etc.

Spätestens zu diesem Zeitpunkt geht es im Regelfall auch nicht mehr um eine Deckung des tatsächlich vorhandenen Hilfebedarfs oder eine tragfähige (Konflikt-)Lösung, sondern vorrangig darum

- den eigenen Einfluss über die Prozessgestaltung nicht aus der Hand zu geben,
- die Entscheidungshoheit zu bewahren,
- Selbstwirksamkeit zu erfahren und Selbstbestimmung einzufordern,
- dem (vermeintlichen) Gesichtsverlust gegenüber der anderen Konfliktpartei vorzubeugen,
- keinesfalls einzuknicken und Haltung zu bewahren,
- Recht zu bekommen und nicht als Verlierer dazustehen
- etc.

Anstatt offen aufeinander zuzugehen, arbeiten sich beide Parteien damit stellvertretend aneinander ab, vergessen dabei jedoch am Ende nicht selten, worum es bei dem Ganzen eigentlich geht, nämlich in diesem Fall um das Wohl und die bestmögliche Förderung und Teilhabe des autistischen Kindes.

3.2.2 Nicht überall, wo Fachkraft draufsteht, ist auch Fachkraft drin!

Sind die Hilfen seitens der Behörde schließlich gewährt bzw. liegen den Eltern entsprechende Bescheide über Kostenübernahmen diverser Leistungen vor, werden diese in der Regel durch kooperierende (auserwählte) Träger durchgeführt bzw. umgesetzt, die den Familien dann wiederum entsprechende »Fachkräfte« zur Verfügung stellen. Dabei wird nicht selten seitens der Behörden der Einfachheit halber auf die/den immerzu gleichen (befreundeten) Träger zurückgegriffen, (scheinbar) unabhängig davon, wie erfolgreich sich die Hilfestellungen in der Praxis zeigen, welche Qualität die erbrachten Leistungen bzw. das Personal haben oder auch wie zufrieden die Hilfesuchenden mit dem Träger sind. Dieser Umstand stellt für Eltern jedoch häufig die nächste große Herausforderung dar, mit der sie sich im Alltag entsprechend auseinandersetzen müssen, schließlich macht der in unserer Gesellschaft vorherrschende Fachkräftemangel auch vor dem Autismus-Bereich keinen Halt.

Wird heutzutage nach Überprüfung der besonderen Bedarfe des Kindes beispielsweise ein Rechtsanspruch auf eine Schulbegleitung festgestellt, mangelt es häufig zunächst bei der (zeitnahen) Umsetzung an der Suche nach einer geeigneten Fachkraft. Dabei haben Jugendämter als Auftraggeber in ihren Qualitätskriterien häufig zwar festgelegt, dass lediglich »pädagogische Fachkräfte« und keine »Laien« zum Einsatz kommen, die Praxis zeigt jedoch, dass eine genaue Prüfung oder Auswahl, mangels vorhandener personeller Ressourcen, häufig nicht stattfindet.

Unser Sohn hatte innerhalb der Grundschule bis zur dritten Klasse mehrere Wechsel in der Schulbegleitung. Fiel eine Schulbegleitung aus, wurde vom Träger per Stellenausschreibung eine alternative Kraft gesucht, d.h., es bestand kein fester Pool aus geeigneten Fachkräften, auf die kurzfristig zurückgegriffen werden konnte. In der Regel hatten die ausgewählten Personen in der Vergangenheit keinerlei Berührungspunkte oder Erfahrungen in der Arbeit mit autistischen Kindern, was wir als Eltern nicht grundsätzlich als »Ausschlusskriterium« sahen. Dennoch wurde das Feld der »pädagogischen Fachkraft« vom zuständigen Träger sehr weitläufig interpretiert, so dass uns unter anderem folgende Personen als potenzielle Schulbegleitungen angeboten wurden:

- Lebensmittelchemikerin:
  Die junge Frau wurde uns vom Träger als angehende Walddorfpädagogin angekündigt. Zum Zeitpunkt des Vorstellungsgesprächs hatte sie die Ausbildung jedoch bereits nach 6 Wochen wieder abgebrochen, da sie nach ihren Angaben zu aufwendig gewesen sei.
- Optikerin:
  Diese Dame wurde uns als pädagogische Fachkraft angekündigt. Als wir sie nach ihrer pädagogischen Erfahrung befragten, gab sie an, seit einigen Jahren in der Hausaufgabenbetreuung der örtlichen Grundschule ehrenamtlich auszuhelfen.
- Bankkauffrau:
  Diese Dame war übergangsweise als Schulbegleitung eingesetzt. Ihre pädagogische Eignung resultierte für den Träger daraus, dass sie seit einigen Jahren hin und wieder als externe Vertretungskraft in Schulen gearbeitet habe (U-plus-Kraft), eine entsprechende pädagogische Qualifikation oder Weiterbildung konnte sie jedoch nicht vorweisen.

Die vielen negativen Erfahrungen mit Fachkräften erwecken deshalb bei Eltern häufig (zwangsläufig) den Eindruck, dass Träger nicht selten scheinbar »wahllos« Personal einstellen, da ihnen die entsprechenden qualifizierten Fachkräfte schlichtweg fehlen, sie aber dennoch ihren Kooperationsauftrag mit der Behörde erfüllen und entsprechendes Personal zeitnah bereitstellen müssen. Eltern werden selten darüber offen aufgeklärt und ihre aufkommenden Zweifel über eine mögliche Eignung von Beginn an abgewiesen, schließlich hat man keine Alternativen parat. Eine adäquate Aus- und Weiterbildung, zumindest eine angemessene Einarbeitung oder auch Kontaktanbahnung, bevor die »Fachkraft« für das autistische Kind in der Praxis zuständig wird, findet dabei in der Regel – schon allein aus Kostengründen und aufgrund der Kurzfristigkeiten – nicht statt, so dass beispielsweise Kind und Schulbegleitung häufig erst innerhalb der Schule aufeinandertreffen und sich kennenlernen können. Eine entsprechende Schulung zum Thema Autismus-Spektrum oder zu den individuellen Besonderheiten des zu betreuenden Kindes wird damit scheinbar vom Träger auch nicht als zwingend erforderlich angesehen. Dass diese Konstrukte in der Praxis jedoch häufig wiederholt scheitern, was wiederum auf Kosten aller Beteiligten geht, wird in diesem Kontext scheinbar in Kauf genommen.

Andere Träger haben trotz vorliegender Kostenzusage lange Wartezeiten, manchmal über mehrere Jahre, bis das Kind schließlich einen Platz erhält und zur Förderung aufgenommen werden kann. Eltern eignen sich in diesem Zeitraum häufig viel Fachwissen an, besuchen Fortbildungen oder schließen sich Selbsthilfegruppen an, um ihre Handlungskompetenzen auszubauen und zumindest zeitweise ein wenig Entlastung zu erfahren. Je länger die Wartezeit, desto größer sind häufig auch die Erwartungen und die Hoffnungen an das entsprechende Hilfesystem. Treffen Eltern dann jedoch auf junge, unerfahrene Kräfte, die im Umgang mit ihrem autistischen Kind völlig überfordert erscheinen und keine Antworten auf ihre Fragen haben, verlieren sie schnell den Glauben oder auch das Vertrauen in das System, was sie am Ende mehr Kraft kostet, als es ihnen tatsächlich nutzt.

Dennoch fehlt es häufig nicht nur an geeignetem Fachpersonal, sondern auch an adäquaten (langfristigen) Ausbildungsmöglichkeiten und entsprechenden Praxiserfahrungen, zumal diese Berufe meist schlecht bezahlt werden und damit für viele als unattraktiv gelten. Grundsätzlich bleibt jedoch festzuhalten, dass ein abgeschlossenes Pädagogikstudium, eine Ausbildung zum/zur Ergotherapeut/in, (Heil-)Erzieher/in oder auch eine Pflegeausbildung eine Person noch lange nicht zu einer »Autismus-Fachkraft« machen, zumal diese Thematik – wenn überhaupt – im Studium oder auch in der Ausbildung lediglich kurz aufgegriffen wird. Konkrete Handlungsstrategien für den Umgang oder auch über auftretende individuelle Herausforderungen und Besonderheiten dieser Klientel werden in diesem Zusammenhang in der Regel nicht intensiv besprochen und müssen sich in der Arbeit durch entsprechende Weiterbildungen erworben oder auch selbst angeeignet werden. Eine nachweisliche pädagogische Qualifikation bietet damit für Eltern letztlich auch keine Garantie, dass die Person für das autistische Kind geeignet und zudem noch ausreichend »qualifiziert« ist.

Hinzu kommt, dass die Herausforderungen im Umgang und in der Arbeit mit autistischen Kindern schlichtweg häufig unterschätzt und die damit verbundenen (individuellen) Anforderungen an die Fachkraft nicht unmittelbar erkannt werden. Ist das autistische Kind beispielsweise über einen gewissen Zeitraum sehr anpassungsfähig, vermag es die ersten Tage oder auch Wochen im Kontakt mit der Fachkraft noch gut zu funktionieren. Dieser Funktionsmodus kostet jedoch das Kind viel Energie, die ihm/ihr dann – sollten bis dahin keine konkreten Entlastungs- und Pausenstrukturen etabliert sein, da der Bedarf aus Unwissenheit nicht erkannt wird – ab einem bestimmten Zeitpunkt fehlen, so dass das ganze System scheinbar plötzlich zusammenbricht und niemand eine geeignete (fachliche) Erklärung dafür findet. Die Vorwarnungen der Eltern im Vorfeld fanden dann in der Regel jedoch bis zu diesem Zeitpunkt kein Gehör oder wurden gar belächelt. Genau an diesem Punkt, an dem der Handlungsbedarf nicht auf den ersten Blick offensichtlich erscheint, trennt sich bei den Fachkräften häufig die »Spreu vom Weizen«. Hier zeigt sich oftmals sehr deutlich, ob das Thema Autismus-Spektrum bzw. das betreffende Kind tatsächlich verstanden wird.

Durch Überforderung und Ohnmacht, die man jedoch häufig aus Scham und Angst vor einem Gesichtsverlust als angepriesene Fachkraft gegenüber den Eltern nicht zu zeigen vermag, geraten alle Beteiligten – insbesondere die autistischen Kinder – zunehmend an ihre persönliche Leistungs- und Belastungsgrenze. Kündigungen und damit verbundene Beziehungsabbrüche sind zu diesem Zeitpunkt keine Seltenheit, was den Frust der Eltern über ein weiteres gescheitertes Hilfesystem und das Vertrauen in Fachkräfte nachhaltig erschüttert. Dem enormen Leidensdruck des Kindes, das diese negative Erfahrung nicht mit der mangelnden Professionalität oder Eignung der Person in Verbindung bringt, sondern immer auch an sich selbst festmacht, haben Eltern häufig nichts entgegenzusetzen.

3.3 Herausforderung inklusive Beschulung: Das Kind geht auf eine Regelschule, dann muss es sich auch wie ein/e Regelschüler/in verhalten!

Das Thema inklusive Beschulung stellt alle Beteiligten von Beginn an vor unbekannte Aufgaben und Herausforderungen, für deren Bewältigung ihnen häufig (zunächst) die Handlungskompetenz und das nötige Fachwissen fehlen. Dabei stellt Schule für die Persönlichkeitsentwicklung von Kindern und Jugendlichen einen zentralen Baustein dar und die dortigen, sowohl positiven als auch negativen Erfahrungen, vermögen sie ein Leben lang entscheidend prägen und dauerhaft begleiten.

Für Familien mit autistischen Kindern erscheint gerade die Schulzeit eine besonders herausfordernde Zeit, die alle Familienmitglieder früher oder später an die Grenzen ihrer Belastbarkeit führt. Wurden im Kindergarten oftmals die Verhaltensbesonderheiten des Kindes noch akzeptiert oder traten noch nicht allzu sehr in den Vordergrund, wird es für das autistische Kind spätestens im Regelsystem Schule erstmals schwierig, nämlich dann, wenn dessen Anpassungsleistungen nicht mehr durchgehend erbracht werden können und das Kind infolgedessen schnell als »Störfaktor«, verhaltensauffällig, respektlos, desinteressiert, widerständig oder gar unbeschulbar abgestempelt wird. Schule wird in diesem Kontext häufig zum innerfamiliären Dauerkrisenthema, welches alle Beteiligte viel Energie und Kraft kostet und manchmal auch schier verzweifeln lässt.

Sofern die Diagnose bereits vor Schulantritt erfolgt ist und damit mögliche »Stolpersteine« und Hindernisse für das autistische Kind analysiert wurden, fühlen sich Eltern umso mehr gefordert bereits frühzeitig mit der Planung und der Suche nach geeigneten Schulen, günstigen Rahmenbedingungen und adäquaten Hilfen zu beginnen, auch wenn ihnen hier oftmals viele Türen verschlossen und Fragen unbeantwortet bleiben, da die Zuständigkeit der »spezialisierten« Institutionen, wie beispielsweise (über-)regionale Beratungs- und Förderzentren, vor Schulantritt häufig noch nicht gegeben sind. In diesem Zusammenhang machen Eltern nicht selten die Erfahrung, dass sie ihr Kind zunächst im Regelschulsystem scheitern lassen müssen, bevor ihre Anliegen ernstgenommen und die besonderen Unterstützungsbedarfe ihres autistischen Kindes erkannt werden. Ferner beginnt für sie bereits zu diesem Zeitpunkt der Kampf um die Inklusion ihrer autistischen Kinder, da sich viele Regelschulen gegenüber dem Thema Autismus-Spektrum noch unwissend, verhalten oder auch sehr ambivalent zeigen. Neben schlechten Erfahrungen und Berührungsängsten der Lehrkräfte, wird die Herausforderung jedoch auch nicht selten völlig unterschätzt, so dass das frühzeitige engagierte Auftreten und die zahlreichen Aufklärungsversuche der Eltern noch vor der Einschulung des Kindes eher belächelt oder gar abgelehnt werden.

Dabei stellt die Beschulung autistischer Kinder an die betroffenen Lehrkräfte immer auch hohe Anforderungen, die sie häufig an die Grenzen ihrer persönlichen und beruflichen Belastbarkeit bringen. So benötigen Kinder im Autismus-Spektrum nicht nur ein besonderes Verständnis für ihre speziellen Problemlagen und Verhaltensweisen, sondern auch einen anderen Zugang und Blick auf ihre Welt, um ihnen im Schulalltag effektive Unterstützung und Hilfestellungen zu geben und sie adäquat in ihrer Entwicklung zu fördern. Beim Thema inklusive Beschulung sind letztlich alle – sowohl Eltern als auch Lehrkräfte – vermehrt dazu aufgefordert, im Sinne der betreffenden Kinder, von Beginn an eng und kontinuierlich miteinander zu kooperieren, im Bedarfsfall weitere Fachkräfte hinzuziehen und letztlich gemeinsam mit diesen auf Augenhöhe an einem Strang zu ziehen, damit Inklusion erfolgreich gelingen kann.

3.3.1 Inklusion in Deutschland

Im Zuge des Inkrafttretens der UN-Behindertenkonvention (2009), welche die volle Teilnahme für Menschen mit Behinderungen am gesellschaftlichen Leben inklusive der vollen Teilhabe im Bereich der Bildung beinhaltet, kommt es innerhalb der Gesellschaft auch immer wieder zu heftigen Diskussionen über Möglichkeiten, Voraussetzungen und Grenzen der Inklusion. Während die Befürworter die Chancen und Vorteile des gemeinsamen Unterrichts betonen, verweist die Gegenseite unter anderem auf den individuellen Förder- und Therapiebedarf der Betroffenen, fehlendes Fachwissen der Lehrkräfte, mangelhafte räumliche und strukturelle Rahmenbedingungen sowie den Aufwand im Hinblick auf Kosten und Personal (Schirmer, 2019).

Die Umsetzung derselben ist demzufolge für Schulen nach wie vor mit großen Herausforderungen verbunden, da sich letztlich jede/r beeinträchtigte Schüler/in hinsichtlich seiner/ihrer Stärken und Schwächen auf einer individuellen Skala zwischen Normalität und Behinderung bewegt und grundsätzlich keine Patentrezepte für gelingende Inklusion verbunden mit individueller Förderung existieren.

> *Kein autistisches Kind ist wie ein anderes, im Gegenteil können sie je nach Schwere und Ausprägungsart grundverschieden sein.* (Schuster, 2020, S. 55)

Von Schulen wird in diesem Zusammenhang gefordert ihre Rahmenbedingungen und den Unterricht vor Ort den individuellen Bedürfnissen und Beeinträchtigungen ihrer Schüler/innen anzupassen, was von diesen sicherlich nicht immer gewährleistet werden kann. Im Gegensatz zum Modell der Integration erfordert dies jedoch ein Umdenken in den Köpfen der Lehrkräfte, da der notwendige Anpassungsprozess nun nicht mehr (ausschließlich) vom Schüler/von der Schülerin erfolgen muss.

Inklusion ist damit eine Vision, die einer rechtlichen Basis unterliegt und sowohl Regelschüler/innen als auch betroffenen Schüler/innen neue Wege und Möglichkeiten eröffnen kann. Andererseits erscheint diese jedoch auch nicht für jede/n beeinträchtigen Schüler/in zwingend geeignet oder umsetzbar, so dass die inklusive Beschulung grundsätzlich nicht als Universallösung verstanden und angewandt werden kann. Ferner bleibt festzuhalten, dass Inklusion am Ende auch immer eine innere (pädagogische) Haltung darstellt, die von allen Beteiligten sowie dem gesamten Schulsystem mitgetragen werden muss und darüber hinaus noch viel Kraft, Geduld und Engagement erfordert. Für autistische Kinder bedeutet dies wiederum, dass alle Beteiligten sowohl Verständnis und Toleranz gegenüber ihrer Andersartigkeit entwickeln als auch offen sind, eingefahrene pädagogische Strategien zu verlassen und neue kreative Lösungsansätze in den Schulalltag zu integrieren (Schirmer, 2019).

Als wir im Krisengespräch mit der Schulleiterin einer Grundschule unseres Sohnes mögliche Erklärungsmodelle für sein auffälliges Verhalten und entsprechende Lösungsmöglichkeiten im Sinne eines notwendigen Nachteilsausgleichs aufzeigten und diskutierten, entgegnete diese schließlich: »*Wir können Ihrem Sohn hier nun wirklich keinen Sonderstatus einräumen. Ihr Sohn befindet sich auf einer Regelschule, dann muss er sich auch wie ein Regelschüler verhalten können.*« Auf die Rückfrage, ob sie diesen Satz auch zu einem Rollstuhlfahrer im Sportunterricht sagen würde, wenn es die Aufgabe der Kinder sei über eine Kiste zu springen, folgte prompt die Antwort, dass dies ja etwas völlig anderes sei und man dies nicht vergleichen könne.

Wir ließen jedoch nicht locker und zeigten ihr auf, dass es hier durchaus Parallelen gebe, da man faktisch auch dem Rollstuhlfahrer – aufgrund seiner offensichtlichen Beeinträchtigung – entweder eine besondere Hilfestellung oder eine gleichwertige Alternativaufgabe anbieten würde, damit er am Sportunterricht ohne Nachteile teilnehmen könne und nicht aus dem Klassenverband ausgeschlossen werde. Da die Einschränkungen unseres Sohnes hingegen für die Schulleitung nicht offensichtlich erschienen, wollte sie den daraus resultierenden Interventionsbedarf nicht anerkennen.

Auch viele autistische Kinder benötigen im Schulalltag besondere Hilfestellungen, um die zahlreichen Herausforderungen gut bewältigen zu können und dauerhaft leistungsfähig zu bleiben. Ihre Behinderung oder auch ihre individuellen Einschränkungen sind allerdings häufig unsichtbar und für Außenstehende damit nur schwer nachzuvollziehen. Demzufolge benötigt es hier die Aufklärung und das fortwährende Engagement der Eltern, um mögliche »Stolpersteine« frühzeitig zu identifizieren, individuelle Lösungswege für ihre autistischen Kinder zu entwickeln, aufzuzeigen und notfalls auch einzufordern und es letztlich im Rahmen seiner Möglichkeiten bestmöglich zu fördern und zu unterstützen.

Die häufig immer noch geforderte Anpassung autistischer Kinder an bestehende Systeme und Rahmenbedingungen entspricht damit keinesfalls dem Inklusionsgedanken und ist ihnen zudem – aufgrund ihrer individuellen Einschränkungen – (meist) nur begrenzt möglich. Darüber hinaus kostet sie diese enorm viel Energie, die ihnen dann an anderer Stelle wieder fehlt und auf Kosten ihrer (allgemeinen) Leistungsfähigkeit und ihrer Gesundheit geht.

3.3.2 Herausforderungen des Schulalltags

Wie im vorherigen Kapitel bereits dargestellt, birgt der Schulalltag autistischer Kinder für alle am Prozess Beteiligten zahlreiche (unsichtbare) Herausforderungen, die in nachfolgender Tabelle (▶ Tab. 3.2) – ohne Anspruch auf Vollständigkeit – beispielhaft skizziert werden sollen.

Tab. 3.2: Unterschiedliche Herausforderungen aller Beteiligten im schulischen Kontext

Schüler/in	Lehrkraft	Familie
◆ Schulweg ◆ soziale Anforderungen im Klassenkontext (Kontaktaufnahme, soziale Regeln, Kommunikation, ...) ◆ Freiarbeit/Gruppenarbeit/ Berücksichtigung individueller Lernstrategien ◆ Gestaltung der Pausen ◆ Erfahrungen von Ausgrenzung/Mobbing ◆ viele (unsichtbare) Sinnesreize (Geräuschpegel, Gerüche, ...) → **Reizüberflutung** ◆ (individueller) Zeit-/Leistungsdruck, Versagensängste → **erhöhter Stresspegel** ◆ fehlende Ressourcen (stark tagesformabhängig) ◆ inhomogenes Kompetenzspektrum → **falsche Einschätzung des Leistungsvermögens** ◆ eingeschränkte Interessen/fehlende Motivation ◆ gestörte Impulskontrolle ◆ ungünstige Rahmenbedingungen (Rückzugs-	◆ **mangelnde Handlungskompetenzen/fehlendes Fachwissen** ◆ wenig Praxisbezug/Erfahrung mit dem Thema ◆ Mut zur Lücke → **Verlassen eingefahrener Strategien/pädagogisches Umdenken** ◆ Berührungsängste/ mangelndes adäquates Problembewusstsein ◆ große Klassen, hoher Förderbedarf einzelner Schüler/innen ◆ Aushalten und Akzeptieren der individuellen Verhaltensbesonderheiten ◆ **Überforderung und Hilflosigkeit in herausfordernden/eskalierenden Situationen** ◆ enger Zeitplan/wenig Freiräume für individuelle Förderung ◆ ungünstige Rahmenbedingungen (fehlende Rückzugsmöglichkeiten, kleine Klassenräume, ...)	◆ große zeitliche, organisatorische und emotionale Belastung (Krisengespräche, Unterstützendengespräche, ...) ◆ massiver Erklärungs-/ Rechtfertigungsdruck und Vorverurteilungen ◆ Aufklärungsarbeit und Entwicklung tragfähiger Lösungsmöglichkeiten → **Aushalten, dass Autismus nicht richtig verstanden wird** ◆ Kooperationsbereitschaft beständig einfordern und aufrechterhalten, trotz eigener begrenzter Ressourcen ◆ Hilflosigkeit und Ohnmacht gegenüber dem intransparenten und veränderungsresistenten Schulsystem ◆ hoher Erwartungsdruck seitens der Schule in eskalierenden Situationen (z. B. frühzeitiges Abholen des Kindes)

Tab. 3.2: Unterschiedliche Herausforderungen aller Beteiligten im schulischen Kontext – Fortsetzung

Schüler/in	Lehrkraft	Familie
möglichkeiten, unklare Strukturen, …) • Bewältigung zahlreicher Übergänge (wechselnde Lehrkräfte, Klassenraumwechsel) • mangelhafte Unterstützung durch (ungeschulte/unerfahrene) Schulbegleiter/innen/überforderte Lehrkräfte • etc.	• Kooperation mit unterschiedlichen Unterstützungssystemen • große zeitliche und organisatorische Belastung (Elterngespräche, Hilfeplangespräche, …) • Kompetenzstreitigkeiten (Wer regelt was? Wer ist zuständig?) • etc.	• **»Türschwelleneffekt« – (Familie als Tankstelle des Kindes)** • hoher Leidensdruck des autistischen Kindes • **Angst vor dem Scheitern des Kindes als ständige Begleiterin** • fortwährender Kampf um Inklusion und damit um Anpassung der Rahmenbedingungen (Nachteilsausgleich, …) • etc.

Die damit verbundenen Anforderungen und Erwartungen an alle Beteiligten sind somit immens hoch und können letztlich auch nur durch gegenseitiges Vertrauen und gute Zusammenarbeit erfolgreich bewältigt werden. Auch darf nicht vergessen werden, dass die enorme organisatorische und zeitliche Zusatzbelastung, die inklusive Beschulung automatisch mit sich bringt, auch viele persönliche Ressourcen bindet, die dann an anderer Stelle nicht mehr zur Verfügung stehen. Damit steigt dann auch insgeheim der »Erfolgsdruck« aller Beteiligten, schließlich soll der ganze Aufwand am Ende nicht umsonst gewesen sein.

Kooperation und gegenseitige Erwartungen

Um autistische Kinder im Schulalltag bestmöglich zu fördern und zu unterstützen ist die enge und gute Kooperation zwischen Schule und Elternhaus oftmals zwingend erforderlich. So wird diese nicht zuletzt seitens der Eltern auch immer wieder vehement eingefordert, verläuft in der Praxis dann jedoch häufig bei genauer Betrachtung in vielen Fällen eher einseitig, was (zumindest phasenweise) den kompletten Familienalltag auf den Kopf stellt und Eltern an die Grenzen ihrer emotionalen und praktischen Belastbarkeit bringen kann.

Eltern beginnen bei Vorliegen einer Diagnose oftmals frühzeitig mit der Suche nach einem geeigneten Schulsystem und stoßen hierbei nicht selten auf Ambivalenzen und offene Ablehnung gegenüber ihren autistischen Kindern. Zeigt sich dennoch eine Schule für die Aufnahme und Beschulung des Kindes »bereit«, erwarten Eltern nicht automatisch zu Beginn, dass alles reibungslos funktioniert. Mit jeder schlechten Erfahrung und jedem Scheitern ihres autistischen Kindes – nicht selten verbunden mit mehreren Schulwechseln/-abbrüchen – verlieren sie jedoch zunehmend das Vertrauen in das System. Auf der anderen Seite steigt jedoch die Erwartungshaltung der Eltern an zukünftige Schulen, verbunden mit der Hoffnung, dass die Beschulung ihrer Kinder nun endlich (möglichst konfliktfrei und ressourcenschonend) funktionieren werde. Der damit einhergehende Erwartungsdruck an das pädagogische Personal (und an deren Autismus-Kompetenzen) erscheinen dabei für diese häufig völlig unrealistisch und überzogen, da sie die Ängste der Eltern dahinter vor einem weiteren Scheitern ihres Kindes nicht unmittelbar wahrnehmen oder verstehen.

Ausschnitt aus einer E-Mail der Schulleitung an die Eltern des betroffenen Kindes:
»[...] weil sich das Team unter Druck gesetzt fühlt und so nicht arbeiten kann – wenn alle Eltern eine Erwartungshaltung wie die Ihre hätten, was die bedingungslose Annahme Ihres Kindes betrifft, wäre längst kein Unterricht mehr möglich, denn wir hätten ebenso viele Erwachsene wie Kinder in der Klasse und wöchentlich Elternsprechtage bis 20 Uhr.«

Im Gegenzug dazu erwecken Schulen in diesem Kontext nicht selten bei Eltern den Eindruck, dass sie dankbar sein müssten, dass ihre (herausfordernden) Kinder in dieser Einrichtung aufgenommen wurden, sich die Lehrkräfte mit Engagement den Herausforderungen stellen und den damit verbundenen Mehraufwand in Kauf nehmen, so dass man im Gegenzug auch an die Eltern entsprechende Erwartungen stellen kann/darf. Was dabei jedoch in diesem Zusammenhang häufig von Eltern wiederum an logistischer Meisterleistung abverlangt wird, bzw. wie sich die nachfolgend aufgeführten »Maßnahmen« auch auf die (psychische und physische) Stabilität, auf den Selbstwert und das (allgemeine) Leistungsniveau der autistischen Kinder auswirkt, wird seitens der Schule dabei selten gesehen oder berücksichtigt. So wird beispielsweise oftmals von Eltern erwartet, dass sie jederzeit telefonisch verfügbar sein müssen, um im Ernstfall ihrerseits unverzüglich intervenieren zu können. Dabei wird dieser »Ernstfall« in der Praxis von den Lehrkräften häufig sehr weitläufig ausgelegt, so dass Anrufe in manchen Fällen eher zum Regel- als zum Ausnahmefall werden. Dies kann am Ende dazu führen, dass Eltern (zeitweise) ununterbrochen mit dem Telefon in der Hand förmlich darauf warten den scheinbar unvermeidlichen Anruf zu erhalten, um ihr autistisches Kind zum wiederholten Male frühzeitig vom Unterricht abzuholen. Letztlich macht es für sie am Ende einer Woche dann auch keinen Unterschied mehr, dass es das Kind an zwei Tagen sogar geschafft hat, durchzuhalten. Aufgrund der andauernden Anspannung liegen die Nerven genauso blank, als seien sie jeden Tag angerufen und in die Schule beordert worden.

> Wurden wir als Eltern von der damaligen Schule unseres Sohnes angerufen, so wurde von uns erwartet, dass wir ihn jederzeit und ohne Diskussion schnellstmöglich vom Unterricht abholen. Dabei wurden wir nicht selten bereits bei »Bagatellen« (sozusagen präventiv) kontaktiert, aus Angst der Lehrkräfte vor weiterer Eskalation oder davor, als Lehrkraft die Kontrolle (und damit das Gesicht vor der Klasse) zu verlieren.

Auch bei Ausflügen, Klassenfahrten oder Schulfesten kann häufig nicht unmittelbar auf die besonderen Bedürfnisse autistischer Kinder Rücksicht genommen werden, wofür ihre Eltern in der Regel Verständnis zeigen (sollen). Von den Lehrkräften wird darüber hinaus nicht selten erwartet, dass Eltern ihre autistischen Kinder zu diesen Anlässen zusätzlich begleiten oder diese bestenfalls ganz zu Hause lassen, um möglichst seitens der Schule für alle Beteiligten einen störungsfreien Ablauf der Veranstaltung gewährleisten zu können. Betroffene Eltern nehmen dies häufig schweigend hin, da an dieser Stelle Diskussionen um die Teilhabe ihrer Kinder nicht wirklich zielführend erscheinen.

Kommt es seitens der Schule zu pädagogischen Maßnahmen für das autistische Kind (z.B. Strafarbeiten, vorübergehender Unterrichtsausschluss), sind Eltern wiederum dazu angehalten diese bedingungslos mitzutragen, obwohl sie diese Sanktionen persönlich häufig als »ungerechtfertigt« (weil auf Missverständnissen, Unwissen oder falschen Annahmen der Lehrkraft beruhend) oder auch »kontraproduktiv« für ihr Kind erachten/einstufen (da es sich mitunter insgeheim über den Unterrichtsausschluss freut und diesen damit als »Belohnung« wahrnimmt).

> Aufgrund mehrerer Regelverstöße unseres Sohnes innerhalb des Unterrichts, die jedoch nach unserer Einschätzung aus einer völligen (Autismus-bedingten) Überforderung resultierten, erwartete die Schule unsere Mitwirkung in der Form, dass wir ihn zu Hause für die Regelverstöße entsprechend sanktionierten (z.B. Fernsehverbot). Dies lehnten wir jedoch ab mit der Begründung, dass Sanktionen bei unserem Sohn erfahrungsgemäß keinen nachhaltigen Lerneffekt hinterließen und wir zu

Hause grundsätzlich mit positiver Verstärkung arbeiten würden. Außerdem sei dieser in der Regel auch gar nicht dazu in der Lage die Sanktion mit dem Regelverstoß in der Schule in Verbindung zu bringen, so dass diese Maßnahme aus unserer Sicht keinesfalls zielführend erschien.

Als die betreffenden Lehrkräfte sich von unseren Argumenten jedoch nicht überzeugen und von dieser Forderung nicht abließen, baten wir sie in der nachfolgenden Woche in einem Brief darum, unseren Sohn innerhalb der Schule zu sanktionieren, da er am Abend zuvor nicht zum vereinbarten Zeitpunkt zu Bett gehen wollte.

In diesem Zusammenhang bekommen Eltern dazu nicht selten den Eindruck, dass auf ihre autistischen Kinder im Schulalltag auch ein besonderes Augenmerk gelegt wird, ihr Verhalten seitens der Lehrkraft (scheinbar) nicht nur genauestens beobachtet, sondern (vermeintliche) Regelverstöße und Verhaltensauffälligkeiten – im Vergleich zu den Mitschüler/innen – (unverhältnismäßig) überbewertet und infolgedessen auch sofort begrenzt oder sanktioniert werden.

> Anruf der Lehrkraft:
> »Ihr Kind hat seinen Sitznachbarn grundlos geschubst, so dass dieser gestürzt ist und sich am Arm verletzt hat. Das ist auf unserer Schule ein klarer Regelverstoß. Bitte holen Sie es ab, es wird heute und die nächsten drei Tage vom Unterricht ausgeschlossen.«
>
> Eltern denken (insgeheim)...
>
> 1. *Jedes Verhalten hat seinen Grund!*
> 2. *Diese Verletzung ist doch nicht »lebensbedrohlich« und war von dem autistischen Kind sicherlich nicht so beabsichtigt oder vorhersehbar.*
> 3. *Wie oft kommt es im Schulalltag bitte schön vor, dass sich Kinder gegenseitig schubsen und sich eines davon verletzt? Rufen Sie dann auch jedes Mal gleich die Eltern an?*
>
> ...sagen jedoch nichts und holen ihr Kind trotzdem ab, um sich (vordergründig) kooperativ zu zeigen und unnötigen Konflikten mit der Lehrkraft, die in der jeweiligen Situation sicherlich nicht zielführend sind und für die ihnen im Alltag letztlich die Kraft fehlt, zu vermeiden oder aus dem Weg zu gehen.

Auch in zahlreichen Krisengesprächen werden Eltern nicht selten seitens der Schule enorm unter Druck gesetzt. So wird unter anderem gefordert, dass sie das unangemessene und störende Verhalten ihres Kindes »abstellen« oder notfalls – wie im obigen Fallbeispiel bereits dargestellt – zu Hause (nachdrücklich) erzieherisch auf dieses einwirken sollen. Jeder Versuch seitens der Eltern den betroffenen, häufig völlig überforderten Lehrkräften entsprechende Gegenargumente, Handlungsstrategien und Erfahrungswerte zu vermitteln oder auch entgegenzusetzen, wird ihnen nicht selten wiederum als Sturheit, Widerstand oder mangelnde Mitwirkung ausgelegt und damit schlimmstenfalls die Verantwortung für die (vermeintlichen) Verhaltensauffälligkeiten des Kindes ausschließlich bei den (offensichtlich inkonsequenten, unbelehrbaren und erziehungsinkompetenten) Eltern gesucht. Wenn es schon ihre Kinder nicht schaffen, sollen zumindest ihre Eltern im Schulsystem »funktionieren« und die »Aufträge« und »Pakete«, die im Hinblick auf ihre autistischen Kinder an sie herangetragen werden, (pflichtbewusst und demütig) annehmen und schnellstmöglich erledigen, um ihren Kindern einen Platz in dieser Gesellschaft (oder auf dieser Schule) dauerhaft gewährleisten zu können. In diesem Moment tragen sie als Eltern auch insgeheim die Verantwortung für den schulischen (Miss-)Erfolg ihrer autistischen Kinder. Dabei erscheint es für Eltern autistischer Kinder sicherlich auf Dauer – nicht zuletzt aus gesundheitlichen Gründen – eher kontraproduktiv, sich gegenüber der Schule (oder auch anderen Institutionen oder Menschen) ausschließlich kooperativ, verständnisvoll, dankbar, unterwürfig oder nachgiebig zu zeigen. Ganz im Gegenteil ist es zeitweise sogar (dringend) erforderlich klare Grenzen zu ziehen und nach außen hin auch selbstbewusst zu vertreten, um dauerhaft den Herausforderungen des Alltags bestehen zu können und am Ende nicht daran zu zerbrechen.

Trauen sich Eltern jedoch gegenüber den Erwartungen der Schule oder der Lehrkräfte selbstbewusst entgegenzutreten und dazu noch (konstruktive und sachdienliche) Kritik auszusprechen, dann werden sie nicht selten müde belächelt, rein nach dem Motto:

> »Wir sind doch alles studierte, erfahrene Pädagogen. Wir machen das nun wirklich nicht zum ersten Mal und wissen schon, was wir da tun! Sie müssen uns einfach nur vertrauen. Wir wollen doch alle das Beste für Ihr Kind!«
>
> Eltern schweigen jedoch in diesen Momenten wieder im Wissen um deren Machtstellung und um ihren Kindern nicht noch mehr Schwierigkeiten zu bereiten, und denken insgeheim:

> »Dann macht doch bitte auch euren Job und haltet euren Laden sauber und erwartet nicht ständig von uns, dass wir Feuerwehr für euch spielen und die Brände löschen, die ihr mit eurem Unwissen selbst verursacht habt.«

Die Beschulung autistischer Kinder hat – wie in ▶ Kap. 3.3.1 skizziert – am Ende jedoch nichts mit »Kulanz« oder »Aufopferung« der Schulen bzw. Lehrkräfte zu tun, da sie, neben der bestehenden »Schulpflicht«, in Deutschland auch das »Recht auf Inklusion« und infolgedessen auf eine adäquate Beschulung innehaben. Dies bedeutet wiederum, dass das Schulsystem ihre individuellen Bedürfnisse und Einschränkungen zu berücksichtigen und den Unterrichtsalltag darauf entsprechend anzupassen hat (und nicht andersherum). Infolgedessen sind Schulen und Lehrkräfte dazu aufgefordert, wenn nicht sogar gesetzlich dazu verpflichtet, für ihren Bereich Verantwortung zu übernehmen und nicht die Last oder auch die Verantwortung für den schulischen (Miss-)Erfolg der Kinder ausschließlich auf den Schultern der betroffenen Eltern abzuladen.

3.4 Innere Haltung und Situationsbewertung

Viele autistische Kinder stoßen in ihrem Alltag durch ihr Verhalten immer wieder auf Unverständnis, Mobbing, Intoleranz, Kritik und offene Ablehnung ihrer Person. Innerhalb einer Gruppe merken sie früher oder später, dass sie anders sind, viele Dinge nicht oder auch anders verstehen bzw. machen und damit auch wiederholt Missverständnissen ausgesetzt sind, die ihnen eine Teilhabe am gesellschaftlichen Leben erheblich erschweren. Eltern sind in diesem Zusammenhang fortwährend gefordert, ihre autistischen Kinder möglichst vor potenziellen »Übergriffen« zu bewahren und für sie die Rolle des Dolmetschers/der Dolmetscherin oder Mediators/Mediatorin einzunehmen, auch wenn das Verhalten ihres Kindes und/oder die (negative) Haltung des Gegenübers in ihnen selbst häufig Schockstarre oder großen Unmut hervorrufen können.

Grundsätzlich betrachtet, stellen die Erziehung, Begleitung und Förderung autistischer Kinder an *alle* am Prozess Beteiligten besondere Herausforderungen, die sie nicht selten an ihre persönliche Belastungs- und Toleranzgrenze bringen. Treffen autistische Kinder in diesem Zusammenhang jedoch auf Menschen, die ihren Autismus beispielsweise lediglich als Herausforderung, Belastung, Hindernis, Einschränkung oder Bürde wahrnehmen, sich gegenüber dem autistischen Kind (oder der Thematik) unwissend oder hilflos fühlen, Berührungsängste oder gar Vorurteile haben oder Inklusion als eine unlösbare Aufgabe sehen, dann wird das Kind oder auch die Bezugsperson selbst mit großer Wahrscheinlichkeit scheitern. Der alltägliche Fokus ist hier oftmals auf die (vermeintlichen) Defizite und Herausforderungen des Kindes ausgerichtet, welche den betreffenden Personen letztlich immer wieder vor Augen führen, dass eine (erfolgreiche) Teilhabe kaum möglich erscheint, sie mit ihrer Einschätzung richtig liegen oder sie schlimmstenfalls an der Herausforderung zu zerbrechen drohen. Betrachtet die Bezugsperson hingegen den Autismus des Kindes auch als Chance, Bereicherung oder andere Sicht auf die Welt und geht sie mit einer gewissen Offenheit, Neugier oder auch Freude an die Herausforderung heran – wohlwissend, dass es nicht einfach werden wird – bleibt sie mit hoher Wahrscheinlichkeit handlungsfähig, so dass am Ende beide Seiten voneinander profitieren.

Auch wenn sich viele Menschen im Alltag grundsätzlich als »tolerant« bezeichnen würden, reagieren sie – vor allem in professionellen Kontexten wie beispielsweise Kindergärten und Schulen – im Umgang mit autistischen Kindern mit der Zeit nach außen hin häufig irritiert, genervt, gestresst, verständnislos oder auch gereizt, obwohl sie sich eigentlich innerlich überfordert, ohnmächtig und hilflos fühlen. Gerade an dieser Stelle erscheint jedoch eine positive Grundhaltung gegenüber dem (herausfordernden) Kind angebracht und für dessen weitere Entwicklung auch entscheidend, damit der Kontakt- und Beziehungsaufbau überhaupt gelingen, es eine vertrauensvolle und angstfreie Bindung zu seinem Gegenüber eingehen und damit eine erfolgreiche Zusammenarbeit ermöglicht werden kann. Negative Bewertungen, andauernde Kritik, hohe Erwartungshaltungen, Anpassungsdruck oder auch Sanktionen führen bei autistischen Kindern letztlich zu Ängsten, Selbstzweifeln und einem dauerhaft hohen Stressniveau. Infolgedessen »funktionieren« sie im Kontakt häufig nur über eine positive Beziehung und benötigen somit durchweg das Gefühl in ihrer »Andersartigkeit«, mit ihren Besonderheiten und in ihrer eigenen Wahrnehmung ernstgenommen, verstanden und akzeptiert zu werden.

Die aus Unwissen, Ohnmacht oder aus Hilflosigkeit resultierenden, teilweise auch äußerst fragwürdigen und inadäquaten Verhaltens- und Reaktionsweisen Außenstehender führen bei autistischen Kindern wiederum zu unangemessenen Gegenreaktionen und tragen damit häufig (unbewusst) zu einer weiteren (zwischenmenschlichen) Eskalation bei. In diesen Momenten werden Bezugspersonen auch zum »Teil der herausfordernden Situation« und tragen deshalb eine zentrale (Mit-)Verantwortung für deren spezifischen Verlauf, was die untere Grafik (▶ Abb. 3.1) nochmals veranschaulichen soll.

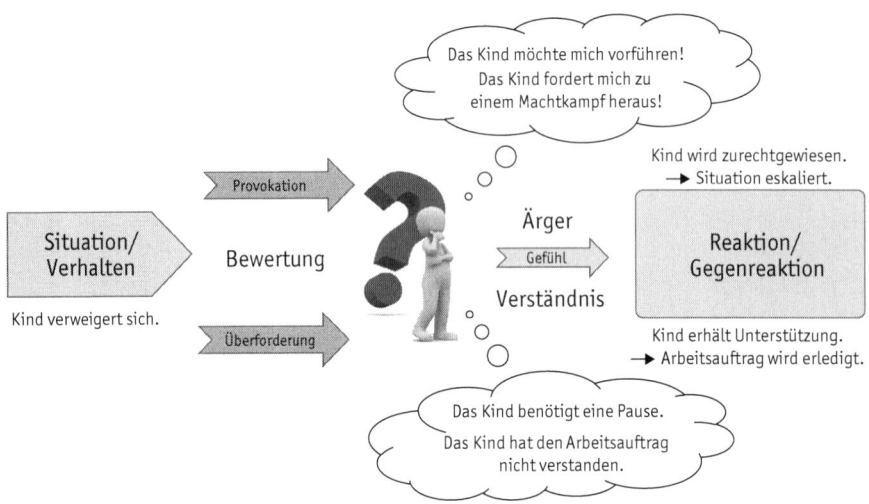

Abb. 3.1: Situationsanalyse und Situationsbewertung

Die innere (Grund-)Haltung und Situationsbewertung beeinflusst infolgedessen auch automatisch die Gedanken und Hypothesen, Gefühle, das Verhalten und die jeweiligen Reaktionsweisen des Gegenübers und ist deshalb entscheidend für den individuellen Umgang mit herausfordernden Situationen. Löst das Verhalten des autistischen Kindes z. B. Ärger in der Person aus, so sollte sie auch immer gefordert sein »Selbstforschung« zu betreiben und ihre eigene Situationsbewertung und eigenen Gedankenmuster kritisch zu überprüfen und zu hinterfragen. Infolgedessen spiegelt (inadäquates) Verhalten autistischer Kinder häufig auch die innere Haltung ihres Gegenübers wider und ist damit ein Abbild ihrer eigenen Befindlichkeiten. Autistische Kinder erkennen oder erspüren diese häufig sehr viel sensibler und deutlicher, ohne dass ihnen entsprechende Erklärungsmodelle dafür zur Verfügung stehen oder diese dem Gegenüber selbst zu diesem Zeitpunkt zwingend bewusst sein müssen, auch wenn ihnen im gesellschaftlichen Kontext immer wieder eine gewisse Egozentrik oder auch Empathielosigkeit unterstellt bzw. nachgesagt wird. Aus diesem Grund erscheint es auch wenig zielführend ihnen nach außen hin eine bedingungslose (professionelle) Akzeptanz »vorzuspielen«, wenn man sie als Person innerlich ablehnt, da sie oftmals hinter die (vermeintliche) Fassade blicken können, auf die sie dann entsprechend reagieren.

Da hilft es nicht, wenn ein Mensch nach außen freundlich zu wirken versucht oder gar lächelt, denn ich spüre, wie es ihm innen drin geht. Wenn er innerlich brodelt, dann erlebe ich das mit und kann nur darauf reagieren. (Vero, 2020, S. 26)

An dieser Stelle fehlt es Eltern und ihren autistischen Kindern jedoch häufig an Authentizität, Transparenz, Ehrlichkeit und einer offenen Fehlerkultur, um gemeinsam nach Alternativen zu suchen, Missverständnisse auszuräumen und gegenseitige Akzeptanz zu schaffen. Hinzu kommt noch, dass auch Eltern im Laufe der Zeit oftmals sehr schnell merken oder erspüren, ob ihr autistisches Kind tatsächlich gewollt oder nur geduldet ist, seine individuellen Besonderheiten akzeptiert, berücksichtigt und ernstgenommen oder gar belächelt werden, die betreffende Person förderlich oder eher kontraproduktiv für ihr Kind ist, so dass sie notfalls auch zum Wohle ihres Kindes zeitnah Abstand nehmen und neue Wege einschlagen, in ihrem Umfeld hierfür jedoch wiederum auf Unverständnis stoßen.

Ein weiterer Aspekt mit Blick auf die innere Haltung stellt der alltägliche Sprachgebrauch in Bezug auf das autistische Kind dar, den es auch immer wieder kritisch zu hinterfragen gilt. So kann auch die individuelle Wortwahl (ungewollt) eine klare Haltung ausdrücken, auf die das Kind entsprechend zu reagieren vermag. Werden unangebrachte Worte durch andere ersetzt, kann sich dadurch automatisch auch die Haltung gegenüber dem Kind verändern und damit neue Handlungsoptionen eröffnen. Hier vermag die bewusste Trennung von Person und Verhalten sehr hilfreich sein, um auch inakzeptablem Verhalten adäquat begegnen zu können und klare Grenzen aufzuzeigen, ohne das autistische Kind dabei jedoch nachhaltig zu diskreditieren (▶ Kap. 3.1.1).

Das Kind ist respektlos! Das Kind ist peinlich!

→ *Das Kind verhält sich in manchen Situationen unangemessen und braucht vielleicht Unterstützung. Wenn es anders könnte, würde es sich auch anders verhalten.*

Das Kind muss immer Bestimmer sein!

→ *Das Kind braucht Orientierung, Schutz, Situationskontrolle und Sicherheit, um die Situation angemessen bewältigen zu können.*

Um autistischen Kindern langfristig adäquat begegnen zu können und im Kontakt mit ihnen dauerhaft handlungsfähig zu bleiben, erscheint es deshalb zentral die eigene Grundhaltung immer wieder neu zu überdenken und selbstkritisch zu hinterfragen. Verbunden mit einer guten, ehrlichen und kontinuierlichen Selbstreflexion – gerade auch in herausfordernden Situationen – vermögen alle Beteiligten an den Herausforderungen zu wachsen und autistischen Kindern damit eine Teilhabe am gesellschaftlichen Leben zu ermöglichen.

3.5 Die Pandemie

In diesen herausfordernden Zeiten kommt man nicht umhin, auch die nach wie vor andauernde Coronapandemie und deren besondere Auswirkungen auf Familien mit autistischen Kindern kurz zu thematisieren. Prinzipiell bleibt festhalten, dass diese Zeit und die damit verbundenen Erlebnisse und Erfahrungen sicherlich an allen nicht ohne Verluste vorübergehen und zudem für alle Menschen zu zahlreichen langfristigen Einschränkungen innerhalb ihres gewohnten Lebensalltags führen werden – wobei viele dieser erlebten Einschnitte für Familien mit besonderen Kindern auch schon vor Corona zum regulären Familienalltag dazugehörten.

Zu Beginn der Pandemie, als auch der zukünftige Verlauf und deren Ausmaß noch nicht bekannt oder absehbar waren, rückten deshalb für viele der Familien zunächst die »positiven Aspekte« in den Vordergrund. Durch den ersten politisch angeordneten »Lockdown« im März 2020 war das gesellschaftliche Leben, für viele Menschen völlig unerwartet, für einen kurzen Augenblick zum Erliegen und damit zum Stillstand gekommen. In die allgemeine Hektik des Alltags schien schlagartig Ruhe einzukehren – Zeit für die Familie zum Durchschnaufen und zum »Resetten«. Zahlreiche, auch unliebsame, (Pflicht-)Termine fielen einfach aus, Schulen blieben plötzlich geschlossen und der damit häufig verbundene Stress scheinbar für kurze Zeit vergessen. Die per Anordnung eingeschränkten Sozialkontakte und damit begrenzte (soziale) Anforderungen, Homeschooling und die damit verbundene Ausrichtung der (elterlichen) Beschulung nach den individuellen Bedürfnissen des Kindes sowie die Konzentration im Familienalltag auf die wichtigen Dinge, waren für viele autistische Kinder zunächst ein echter Gewinn. Jeglicher Anpassungs-, Erwartungs- und Leistungsdruck schien sich in Luft aufzulösen, Entspannung kehrte ein.

Je länger diese Pandemie andauert(e), desto größer werden/wurden – im Hinblick auf die Entwicklung ihrer autistischen Kinder – jedoch auch ihre Schattenseiten, die für alle Familienmitglieder zunehmend in den Vordergrund rück(t)en:

- Stagnation der Hilfeprozesse, da Hilfeplangespräche entweder gar nicht oder nur sehr eingeschränkt stattfinden
- Ausgesetzte oder nur eingeschränkt wahrnehmbare Unterstützungssysteme, wie z. B. Schulbegleitung oder auch familienentlastende Dienste, die der allgemeinen familiären Entlastung dienen sollen
- Familien, die mit ihren Sorgen und Nöten durch das Hilfesystem allein gelassen oder auf bessere Zeiten vertröstet werden
- Förderungen und Therapien, die nur begrenzt stattfinden, da bei vielen autistischen Kindern das Ausweichen auf digitale Formate auf die Dauer nicht möglich oder auch nicht zielführend ist
- Stagnation oder auch Rückschritte in der Entwicklung und Behandlung vieler autistischer Kinder und damit auch die Erhöhung der Wartezeiten bei den ambulanten Therapiezentren für andere Familien
- Aushalten zahlreicher Übergänge, Verlust an Orientierung und Struktur, fehlendes Verständnis und Versiegen der eigenen Energiereserven auf Seiten der autistischen Kinder durch z. B. wachsende Unsicherheiten und fehlende Perspektiven, Homeschooling, Wechselunterricht, Test- und Maskenpflicht, Präsenzunterricht verbunden mit enormem Leistungsdruck durch viele Klassenarbeiten und Leistungskontrollen
- Zunahme an Zwängen, Ängsten und Kompensationsstrategien autistischer Kinder, da das individuelle Stressniveau und die Frustration aller Familienmitglieder durch die Dauer der Pandemie (wieder) ansteigen
- Eltern am Rande ihrer Belastungsgrenze, die es langsam leid sind, ihren Kindern immer wieder neue Erklärungsmodelle und Strukturpläne anzubieten, um die Situation zu Hause ertragbarer zu machen und das Überleben aller Familienmitglieder zu sichern
- Geschwisterkinder am Rande des Wahnsinns, die 24 Stunden an 7 Tagen in der Woche als Spielkamerad/innen herhalten müssen und kaum Ausgleich durch außerfamiliäre Sozialkontakte erhalten
- etc.

Die Auflistung könnte noch beliebig fortgesetzt werden und zeigt sicherlich nur einen kleinen Einblick in die negativen Auswirkungen, Belastungen und Herausforderungen betroffener Familien mit autistischen Kindern. Hinzu kommt, dass das Thema Inklusion durch das andauernde Pandemiegeschehen zunehmend an Bedeutung zu verlieren scheint – bisher Erkämpftes droht damit in Vergessenheit zu geraten. Ferner lassen die zunehmend leeren Kassen der Kommunen befürchten, dass sich dies längerfristig auch auf Kostenzusagen und zukünftige Unterstützungsmaßnahmen auswirken wird, so dass entsprechenden Konsequenzen für die betroffenen Familien wohl noch lange nach Beendigung der Pandemie andauern werden.

Nach der ausführlichen Darstellung verschiedenster innerfamiliärer Herausforderungen verbunden mit unterschiedlichen Erklärungsmodellen, warum sich autistische Kinder in zahlreichen Situationen »komisch« verhalten, sollen nun abschließend die Auswirkungen auf das Familiensystem betrachtet und damit (indirekt) auch die Frage beantwortet werden, warum sich auch Eltern autistischer Kinder (scheinbar) häufig so komisch verhalten.

4 Auswirkungen auf das Familiensystem: Warum verhalten sich Eltern autistischer Kinder so »komisch«?

Wie in den vorangegangenen Kapiteln bereits dargestellt, gestaltet sich der Familienalltag mit autistischen Kindern aus zahlreichen Gründen häufig sehr turbulent und herausfordernd, was sich nicht zuletzt auf alle Familienmitglieder auswirkt. So wird nicht nur die Alltagsorganisation der Familie vom Verhalten, den Bedürfnissen und dem Stressniveau des betroffenen Kindes bestimmt, sondern alle Familienmitglieder führen dauerhaft ein Leben an der Belastungsgrenze, was sich nicht zuletzt auch nachhaltig auf ihre gesundheitliche Situation auszuwirken vermag. Neben der enormen emotionalen, zeitlichen, organisatorischen und finanziellen Belastung der Eltern, verspüren diese nicht selten im Familienalltag einen hohen persönlichen Leidensdruck und berichten in diesem Kontext beispielsweise von

- anhaltenden Sorgen und (Zukunfts-)Ängsten,
- chronischer (emotionaler und körperlicher) Erschöpfung,
- wiederkehrenden psychischen und (psycho-)somatischen Beschwerden,
- einem erheblich eingeschränkten persönlichen Leistungsniveau,
- dauerhaft begrenzten (zeitlichen, finanziellen) Ressourcen,
- Einsamkeit und Isolation,
- Selbstzweifeln und dem in Frage stellen der eigenen Elternrolle oder Erziehungskompetenzen sowie
- ambivalenten Gefühlen gegenüber dem autistischen Kind in Spannungs- und Überforderungssituationen.

Dennoch beschreiben viele Familienmitglieder nicht zuletzt auch positive Auswirkungen, die ein (Zusammen-)Leben mit einem autistischen Menschen mit sich bringen, wie beispielsweise:

- die Entwicklung von großer innerer Stärke und Kreativität, da alle Beteiligten mit der Zeit an ihren Herausforderungen wachsen

4 Auswirkungen auf das Familiensystem

- die enge (familiäre) Verbundenheit durch die hohe Intensität der Beziehung zum autistischen Kind
- die Zunahme an Freude und Dankbarkeit an den kleinen Dingen des Alltags
- der Aufbau klarer Strukturen und die Konzentration auf das Wesentliche, die im Alltag Sicherheit und Orientierung für alle Familienmitglieder schaffen
- die Zunahme von Toleranz und Gelassenheit gegenüber »Alltagsphänomenen«, da sich die eigene Sicht auf die Welt durch das autistische Kind verändert bzw. erweitert
- der Zuwachs und die Aneignung von (Fach-)Wissen, durch die aktive Suche nach Informationen

Doch warum verhalten sich Eltern autistischer Kinder in der Öffentlichkeit (scheinbar) so ungewöhnlich oder auch unangepasst? Der nachfolgende Abschnitt soll nun mögliche Erklärungsmodelle aufzeigen.

4.1 Kämpferische, widerständige, unkooperative, schwierige, anmaßende und besserwisserische Eltern?

Entwickeln sich Kinder außerhalb der Norm hat dies grundsätzlich auch immer Auswirkungen auf das komplette Familiensystem, deren Mitglieder durch die entsprechenden Besonderheiten des Kindes dauerhaft eingeschränkt oder zumindest beeinflusst werden, dadurch schlichtweg anders agieren (müssen) und von Außenstehenden deshalb auch automatisch anders wahrgenommen werden. Ferner muss, mit Blick auf die genetische Ursache des Autismus-Spektrums, auch immer davon ausgegangen bzw. berücksichtigt werden, dass sich in vielen Familien höchst wahrscheinlich mindestens ein Elternteil oder auch weitere Geschwister – wissentlich oder unwissentlich – im Spektrum befinden und damit z. B. selbst Einschränkungen in der sozialen Interaktion und Kommunikation aufweisen. Ist demzufolge ein Familienmitglied in irgendeiner Form beeinträchtigt, sind somit schlichtweg alle Familienmitglieder mit-beeinträchtigt.

In diesem Kontext erscheinen damit beispielsweise die Reaktionen autistischer Kinder und deren Eltern in der Öffentlichkeit häufig aus dem Zusammenhang gegriffen nicht nachvollziehbar (völlig überzogen oder unangemessen) und führen infolgedessen auch immer wieder zu entsprechenden Rückschlüssen: »*Es ist ja bei den Eltern nicht verwunderlich, dass das Kind so ist, wie es ist!*«

Eltern autistischer Kinder vermögen es somit – trotz vermehrter Anstrengung – in ihrer Wahrnehmung für Außenstehende niemals richtig machen. Kümmern sie sich »zu viel«, werden sie als »Helikopter-Eltern« verurteilt, lassen sie den Dingen (scheinbar) ihren Lauf, betitelt man sie als »Raben-Eltern«. Aus Mangel an Ressourcen geben sie irgendwann auf, den (vermeintlichen) gesellschaftlichen Erwartungen an sie entsprechen zu wollen und gehen ihren ganz eigenen Weg, der für viele jedoch wiederum nicht nachvollziehbar ist oder auch als unkooperativ empfunden werden kann.

Gegen den vermeintlichen Mainstream zu schwimmen, immer wieder individuelle Lösungen zu suchen und ungewöhnliche Entscheidungen zu treffen, ist für Eltern auf Dauer sehr anstrengend und belastend und stößt auch innerhalb der Gesellschaft auf wenig Verständnis und Akzeptanz. Ganz im Gegenteil führt es vielmehr dazu, dass sich die Gräben zwischen den einzelnen Fronten vertiefen, eine Neiddebatte angestoßen wird und sie damit schlimmstenfalls für andere zum Feindbild mutieren oder dafür herhalten müssen. Dabei wird jedoch selten bei den Eltern konkret nachgefragt, sondern die Einzelheiten in ihrer Abwesenheit ausführlich besprochen und ausdiskutiert. Eigene Probleme und Unzulänglichkeiten scheinen damit in den Hintergrund zu rücken, der langweilige Alltag wird etwas bunter und die betreffende Gruppe der Kritiker/innen rückt schlichtweg zusammen, indem man sich scheinbar auf ein gemeinsames Feindbild oder Thema konzentriert, über das man sich aus Unwissen entweder aufregen oder auch lustig machen kann. Eltern autistischer Kinder reagieren auf diese Entwicklungen häufig sehr sensibel, gehen auf Distanz und ziehen sich damit von ihren Kritiker/innen oder gänzlich aus der Öffentlichkeit zurück. Ferner merken sie in diesem Kontext auch sehr schnell, wenn ihnen nach außen hin scheinbar interessiert zugehört und Verständnis für ihre Situation gezeigt wird, sie jedoch hinter ihren Rücken schonungslos kritisiert, sich über sie amüsiert oder zumindest die Köpfe geschüttelt werden.

Hinzu kommt, dass der anhaltende kritische und teilweise auch sehr grenzwertige Umgang mit ihren autistischen Kindern – der nicht selten auch dem Zweck dient, den Eltern zu offenbaren, wie es richtig funktioniert und was sie falsch machen – nicht spurlos an Eltern vorübergeht. In diesen Momenten fühlen sie sich mitunter vorgeführt, bevormundet und in ihren eigenen Erziehungskompetenzen untergraben oder zumindest in

Frage gestellt, was früher oder später Widerstand, Aggressionen oder auch schiere Verzweiflung in ihnen hervorruft. Darüber hinaus zeigt es ihnen, dass ihr autistisches Kind oder auch sein Verhalten trotz ihrer wiederholten Aufklärungsversuche immer noch nicht verstanden oder akzeptiert wird, was für die Eltern im Alltag auf die Dauer kaum zu ertragen ist. Hinzu kommt der steigende Leidensdruck und die dadurch wachsenden Selbstzweifel ihres Kindes, schließlich bekommt dieses von außen ständig suggeriert, dass es eigentlich nichts richtig machen kann oder die Welt da draußen nicht sicher scheint (Grenzüberschreitung). Auch dieser Aspekt kann am Ende dazu führen, dass Eltern zeitweise sehr ungehalten reagieren oder sich zum Schutz und zum Wohle des Kindes vermehrt distanzieren und zurückziehen.

In diesem Kontext gilt weiterhin zu berücksichtigen, dass die Biografien vieler autistischer Kinder häufig aus unterschiedlichsten Gründen bereits sehr früh durch zahlreiche Systemwechsel (Kindergarten-, Schulwechsel) und Beziehungsabbrüche gekennzeichnet und geprägt sind, was wiederum auch bei den Eltern entsprechende Spuren hinterlässt. So ist es beispielsweise keine Seltenheit das innerhalb der Systeme im Vorfeld mit den Eltern diverse Absprachen im Sinne des Kindes erfolgen, die dann jedoch in der Praxis nicht eingehalten werden (können), so dass die Situation wiederholt eskaliert und einen Ausschluss des Kindes (scheinbar) unumgänglich macht. Gerade dann, wenn Eltern immer wieder eingreifen, alles stehen und liegen lassen, als Feuerwehr agieren und das Kind abholen müssen, verlieren sie mit der Zeit das Vertrauen in das System oder in die Gesellschaft. Wenn die vermeintliche Lösung aus ihrer Perspektive doch so offensichtlich erscheint, jedoch aus niederen Beweggründen trotzdem nicht umgesetzt wird, reagieren Eltern zudem fassungslos, ohnmächtig und verärgert. Die Sorge um die Zukunft des eigenen Kindes steigt in diesen Situationen ins Unermessliche. Nicht selten werden in diesem Zusammenhang Erklärungsansätze/-versuche von Eltern ignoriert oder als Ausreden abgetan und damit missachtet, da man beispielsweise keine fachliche Einmischung duldet, obwohl das notwendige Verständnis von Autismus-Spektrum schlichtweg fehlt. Wenn Lösungsvorschläge oder Empfehlungen als Anmaßung oder in Frage stellen der eigenen Fachkompetenz oder auch Autorität gesehen werden, stoßen Eltern hier – trotz aller Bemühungen – irgendwann an ihre Grenzen und ziehen daraus ihre Konsequenzen, indem sie sich zurückziehen und verstummen, was ihnen dann wiederum jedoch als »unkooperatives« Verhalten ausgelegt wird. Weiterhin ist problematisch, wenn Interventionen nicht im Vorfeld mit Eltern besprochen oder sie zumindest hinzugezogen oder dazu befragt werden, sondern das autistische Kind dem System oder der Fachkraft als »Experimentierkasten« dient. Auch hier wird Eltern suggeriert, dass man es schlichtweg besser als sie wisse. Scheitert die Intervention, wird ihnen dennoch die Verantwortung auferlegt, da sie diese zu Hause scheinbar nicht genügend unterstützt haben bzw. alle Beteiligten nicht an einem Strang ziehen. Diese Erfahrungen können für Eltern sehr frustrierend und auch schmerzhaft sein und deshalb dazu führen, dass sie Maßnahmen zum Schutz ihrer Kinder frühzeitig beenden und lieber nochmals von vorne beginnen.

Jeder Neuanfang ist dabei mit neuen Hoffnungen und Wünschen verbunden, die jedoch häufig bereits nach kürzester Zeit wieder enttäuscht werden, so dass sich die Spirale zeitweise unaufhaltsam dreht und kein Ende in Sicht scheint. Hinzu kommt, dass auch jeder Neubeginn für Eltern mit viel Arbeit und Ausdauer verbunden ist, so dass sie sich anfangs gegebenenfalls noch kämpferisch, hoffnungsvoll, euphorisch, kooperationsbereit, offen und mit bestem Willen zeigen. Werden ihre Erwartungen und Hoffnungen an das System jedoch nicht erfüllt – wobei sie selten davon ausgehen, dass es von Beginn an reibungslos verläuft – steigt nicht nur der Druck und die Verzweiflung auf Seiten des autistischen Kindes, sondern auch bei den Eltern wird die Angst vor einem erneuten Scheitern zur ständigen Begleiterin. Zu diesem Zeitpunkt versuchen Eltern meist noch vermehrt das Gespräch zu den Beteiligten aufzunehmen, verweisen auf potenzielle Interventions- und Lösungsmöglichkeiten und erhöhen damit automatisch auch den Druck auf das System, diese möglichst zeitnah umzusetzen, um die gewählte Maßnahme möglichst noch zu retten. Wenn den Angaben und Aussagen von Eltern jedoch offensichtlich nicht geglaubt, diese bagatellisiert oder auch belächelt werden, steigt wiederum der Frust der Eltern auf die jeweiligen Mitarbeiter/innen und das gesamte System. Kommen dann noch ausgewiesene »Fachkräfte« (▶ Kap. 3.2.2) mit guten »Rat-Schlägen« (▶ Kap. 3.1.1) um die Ecke, die in der Vergangenheit bereits mehrfach versucht wurden, deren Umsetzung jedoch auch mehrfach gescheitert ist, verlieren Eltern manchmal ihren Kooperationswillen und schlichtweg den Glauben an das System oder ein gutes Ende. Eltern werden in diesem Zusammenhang häufig als anmaßend und besserwisserisch wahrgenommen, obwohl sie ihr Kind doch lediglich schützen und stabilisieren wollen, um die bestehende Maßnahme möglichst vor dem Scheitern zu bewahren. Eltern werden darüber hinaus spätestens in diesem Moment merklich von den Mitarbeiter/innen auf Distanz gehalten. Transparenz, gegenseitiges Vertrauen oder auch ein ehrliches Miteinander sind dabei zu diesem Zeitpunkt selten noch vorhanden. So werden Gespräche beispielsweise oberflächlich abgehakt, so dass Eltern zunehmend den Eindruck gewinnen, es gehe schon lange nicht mehr um das Kind, sondern darum, das eigene Gesicht zu wahren. Das Misstrauen und der Frust steigen, so dass Eltern spätestens zu diesem Zeitpunkt aufgefordert sind, sich nach einem Plan B umzuschauen. Dieser Prozess kostet Eltern wiederum nicht nur jede Menge Nerven, sondern auch zahlreiche Ressourcen, die ihnen dann im Umgang mit ihrem autistischen Kind zu Hause nicht mehr zur Verfügung stehen.

Für Eltern autistischer Kinder ist es deshalb immer wieder auch eine Gratwanderung im Gespräch mit Außenstehenden die richtigen Worte zu finden und die Wichtigkeit und Sinnhaftigkeit der eigenen Anliegen und Ansichten zu verdeutlichen. Ihnen wird mit der Zeit klar, dass sie das System oder die Gesellschaft nicht komplett verändern oder auf die Bedürfnisse ihres autistischen Kindes abstimmen können, weshalb sie häufig versuchen, nach außen hin zumindest ein Minimum an Anpassung und Rücksicht einzufordern. Haben sie jedoch bereits damit wiederholt keinen Erfolg, steigt auch ihr Frust und ihre Hoffnungslosigkeit, so dass sie daraus am Ende auch ihre Konsequenzen ziehen, den Rückzug antreten, auf Distanz gehen oder den Kontakt zu bestimmten Personen komplett einstellen.

Aufgrund der individuellen Besonderheiten des autistischen Kindes verbleiben Eltern am Ende häufig nicht viele tragfähige und hilfreiche Kontakte, mit denen sie sich hin und wieder unbeschwert umgeben können, ohne ständig das Gefühl zu haben, sich für das Verhalten des Kindes entschuldigen oder rechtfertigen zu müssen oder im Nachgang analysiert zu werden. Auch sprechen Eltern in diesem Kontext nur selten über ihre Ängste, Sorgen und alltäglichen Herausforderungen und Belastungen, um auf Dauer nicht als anstrengend empfunden zu werden und nicht fortwährend Themen zu beklagen oder anzusprechen, welche das Gegenüber vielleicht überfordern oder bei denen es nicht wirklich mitreden kann. Hinzu kommt, dass sie aus Mangel an Ressourcen auch für andere häufig auf die Dauer kein/e guten Ansprechpartner/innen für »Alltagsprobleme« darstellen, wünschen sie sich doch häufig selbst für ihren eigenen Alltag ein bisschen mehr Normalität.

Mit einem autistischen Kind am Rande der Gesellschaft zu stehen, ist damit für Eltern eine Erfahrung, die auf die Dauer sehr einsam macht und sich dazu noch sehr ambivalent auswirkt. Einerseits vermögen sie von dieser Position aus gut beobachten und sich aus vielen (unnötigen) gesellschaftlichen Belangen herausziehen zu können, da sie ihre Prioritäten innerfamiliär anders setzen. Anderseits fehlt aber auch an dieser Stelle – metaphorisch betrachtet – häufig nur ein winziger Schritt bis zum Abgrund, vor dem es (scheinbar) kein gesichertes Geländer gibt, so dass sie immer wieder gut auf sich aufpassen und sich schützen müssen. Sollten sie stürzen oder abrutschen, vermag ihnen dort kaum jemand die Hand zu reichen, um zu helfen. Alle scheinen wegzuschauen, nichts damit zu tun haben zu wollen oder einfach nichts zu bemerken. Oder sie schauen – ähnlich wie bei einem Unfall auf der Autobahn – aus Sensationsgier hin, scheinen aber nicht in der Lage, rechtzeitig einzugreifen, um Schaden abzuwenden und Schlimmeres zu verhindern.

Doch was wünschen sich Eltern autistischer Kinder von der Gesellschaft, um verlorengegangenes Vertrauen zurückzugewinnen, ihre Anspannung in der Öffentlichkeit dauerhaft zu reduzieren, ihre Sorgen und Ängste sowie ihren angestauten Frust und Ärger abzubauen und dadurch schließlich nachhaltig Entlastung im Familienalltag zu erfahren? Auf diesen Aspekt soll nun im nachfolgenden Abschnitt Bezug genommen werden.

4.2 Wünsche von Eltern autistischer Kinder

Eltern autistischer Kinder können im Kontakt sicherlich manchmal sehr anstrengend oder auch fordernd sein, da sie im Alltag meist einen sehr hohen Anspruch an sich selbst haben, den sie nur selten und mit sehr viel Energie zu erfüllen vermögen. Problematisch erscheint jedoch, dass sie diesen Maßstab auch häufig (unbewusst) auf ihr Umfeld übertragen, so dass auch hier schlimmstenfalls – trotz zahlreicher Bemühungen und Engagement – am Ende niemand diesem wirklich gerecht werden kann, was auf Dauer für alle sehr frustrierend erscheint. Aus diesem Grund ist es für Außenstehende entscheidend, hin und wieder auch konkret nachzufragen, welche Wünsche und (Grund-)Bedürfnisse insgeheim hinter diesem hohen Anspruch stecken, um Familien im Alltag adäquat zu unterstützen und vor allem dauerhaft auch zu entlasten, wovon am Ende wiederum alle Beteiligten profitieren können.

Eltern autistischer Kinder sind schließlich nicht nur »Expert/innen ihrer Kinder« und damit Fachkräfte ihres eigenen Familiensystems, sondern am Ende des Tages auch einfach nur Menschen mit eigenen Bedürfnissen, Sorgen und Nöten, die fortwährend für sich und ihre (autistischen) Kinder einen geeigneten Platz in dieser Gesellschaft suchen, an dem sich alle dauerhaft sicher, geborgen, angenommen und wertgeschätzt fühlen.

Die nachfolgenden Punkte basieren im Wesentlichen auf den Ergebnissen einer Umfrage von Silke Bauerfeind, selbst Mutter eines autistischen Kindes, die sie im Rahmen des Weltautismustages 2020 durchgeführt und auf ihrem Blog (ellasblog.de) veröffentlicht hat.

Verständnis und Aufklärung

Autistische Menschen und ihre Angehörigen wünschen sich in erster Linie Verständnis oder zumindest die Bemühungen Außenstehender, sie und ihr (ungewöhnliches) Verhalten ansatzweise zu verstehen und nicht sofort zu urteilen. Verstehen hat dabei auch immer mit Wissen zu tun, was eine gesellschaftliche Aufklärung über das Thema Autismus-Spektrum weiterhin dringend erforderlich macht. Dabei ist es zentral, die Vielschichtigkeit und die Breite des Spektrums zu begreifen und nicht nur medienwirksame Beispiele hinzuzuziehen. Die besonderen Bedürfnisse und der daraus resultierende individuelle Unterstützungsbedarf sollten in diesem Kontext nicht als »Sonderrolle« abgetan, sondern als zwingend erforderlich verstanden werden, um autistischen Menschen eine gesellschaftliche Teilhabe zu ermöglichen.

Wissen und Verständnis beinhalten am Ende nicht nur zu erkennen, welche individuellen Bedürfnisse berücksichtigt werden müssen, und vorhandene Vorbehalte, Vorurteile und Ängste bei allen Beteiligten abzubauen, sondern auch einen positiven und ressourcenorientierten Blick auf den Menschen zu erhalten und die eigenen Handlungen danach entsprechend auszurichten.

Eltern autistischer Kinder wünschen sich zudem, dass ihre Probleme und Herausforderungen nicht bagatellisiert oder ignoriert werden, sondern vielmehr verstanden und nachvollzogen wird, welche (unsichtbaren) Leistungen sie alltäglich erbringen und welchen Energieaufwand es sie kostet, ihren Kindern ein adäquates und entwicklungsförderndes Umfeld zu bieten.

Respekt, Wertschätzung und Anerkennung

Wie die vorangegangenen Kapitel gezeigt haben, geraten Eltern autistischer Kinder in ihrem Alltag sehr häufig in Erklärungs- und Rechtfertigungsnöte und bekommen dadurch schlichtweg vermittelt, dass sie es eigentlich nie richtig bzw. auch niemandem recht machen können. So erscheinen ihre Reaktionen und die ihrer Kinder in der Öffentlichkeit häufig aus dem Zusammenhang gegriffen, nicht nachvollziehbar, und führen damit zu entsprechenden Rückschlüssen (Helikoptereltern vs. Rabeneltern; überbehütetes Kind vs. unerzogenes, grenzenloses, vernachlässigtes Kind).

Durch zahlreiche (teilweise ungefragte) Interventionen von außen fühlen Eltern sich nicht nur in ihrer Autorität angegriffen, sondern auch noch in ihren Erziehungskompetenzen offen hinterfragt und herabgewürdigt. Auch das wiederholte in Frage stellen eigener Erklärungs- und Verhaltensmuster und das Bagatellisieren von Alltagsanforderungen und Herausforderungen setzt die individuellen Kompetenzen und Leistungen der Eltern nachdrücklich herab und ist schlichtweg respektlos ihnen gegenüber. Respekt bedeutet in diesem Kontext, die Eltern in ihrer Expert/innenrolle anzuerkennen, sich konstruktiv und offen mit ihnen auseinanderzusetzen, ihre wichtige Funktion und ihre alltäglichen Leistungen wahrzunehmen und zu wertschätzen. Respekt bedeutet darüber hinaus die Schilderungen und Argumente der Eltern nicht abzutun oder zu belächeln, sondern sie ernst zu nehmen und sie, z. B. bei der Planung von Interventionen, als wichtigen Baustein zu berücksichtigen und zu integrieren.

Eltern haben in der Regel einen großen Erfahrungsschatz im Umgang mit ihren autistischen Kindern, auf den das Umfeld jederzeit zurückgreifen kann, um den Kontakt mit dem betreffenden Kind zu einem positiven Erlebnis zu machen. Mögliche Interventionen, die bei dem Kind erfahrungsgemäß nicht funktionieren oder sich vielleicht sogar kontraproduktiv auswirken, können dabei vermieden und Misserfolge reduziert werden, was sicherlich allen Beteiligten am Ende zugutekommt. Dabei lernen Eltern selbst jeden Tag durch Versuch und Irrtum dazu und sind und bleiben die Expert/innen, welche die meiste Erfahrung mit den individuellen Besonderheiten ihrer Kinder mitbringen, und ohne deren ehrliche und vertrauensvolle Beteiligung jegliche Form von Hilfeprozess bereits von Beginn an scheitern wird.

Toleranz und Akzeptanz

Der Wunsch nach Toleranz und Akzeptanz bedeutet in diesem Zusammenhang, die Toleranz und Akzeptanz der »Andersartigkeit« und die Berücksichtigung derselben. Dazu zählen unter anderem individuelle Bedürfnisse, andere Wahrnehmungen und Blickwinkel, ein inhomogenes Leistungsspektrum und eine tagesformabhängige Leistungsfähigkeit, ungewöhnliche Erklärungsansätze und Denkweisen, individuelle Lösungsversuche und Handlungsmöglichkeiten.

Anders zu sein, die Dinge anders zu handhaben, Probleme anders zu lösen und als Familiensystem anders zu funktionieren, heißt nicht automatisch, sie falsch oder schlechter zu machen bzw. falsch zu sein. Dabei erwarten Eltern autistischer Kinder nicht, dass das Umfeld alles gut finden muss. Sie wollen jedoch – aufgrund ihrer individuellen Entscheidungen – keinesfalls ausgegrenzt, gemobbt oder belächelt werden. Ihre Handlungen sind in der Regel wohl durchdacht, abgewogen und nach den Bedürfnissen und dem Leistungsniveau ihres autistischen Kindes ausgelegt, was nicht bedeutet, dass auch sie im Alltag immer wieder Fehlentscheidungen treffen können und dürfen, für die sie dann jedoch auch Verantwortung übernehmen müssen und daran wachsen können.

Ausgrenzung und Mobbing beruhen in diesem Kontext häufig auf Spekulationen und Unwissenheit und könnten meist durch entsprechende Informationen und Nachfragen ausgeräumt und damit toleriert werden, was dauerhaft ein friedliches Mit- und Nebeneinander ermöglichen kann. Toleranz und Akzeptanz bedeuten am Ende jedoch auch, Menschen, die anders sind, nicht anpassen und normalisieren zu wollen. Es bedeutet, Vielfalt zu akzeptieren und Individualität wertzuschätzen, den Blick nicht nur auf Defizite, sondern ebenso auf Stärken auszurichten, um sie damit nicht als Last, sondern als Bereicherung für die Gesellschaft zu sehen.

Offenheit, Transparenz und Kooperation auf Augenhöhe – »Redet nicht über uns, redet mit uns!«

Eltern autistischer Kinder erleben oder spüren – insbesondere in professionellen Kontexten – noch viel zu oft, dass hinter ihrem Rücken über sie und ihre Kinder gesprochen, geurteilt und spekuliert wird. Eine Realitätsprüfung und damit eine Klärung getroffener Hypothesen findet im Nachgang – z. B. im Zuge eines offenen Gesprächs – selten statt. Eltern fühlen sich infolgedessen nicht selten in Gesprächen mit Fachkräften (Sozialpädagog/innen, Psycholog/innen, etc.) in jeder ihrer Handlungen und Aussagen analysiert und insbesondere in ihrem Verhalten und ihren Reaktionen gegenüber ihrem Kind entsprechend bewertet, was sich auf Dauer für sie nicht gut anfühlt und Verunsicherung hervorruft. Funktioniert ihr Kind zum jeweiligen Zeitpunkt des Gesprächs »gut«, wirken ihre (Situations-)Schilderungen und Aussagen entsprechend übertrieben, überzogen oder zu defizitär. Zeigt das Kind hingegen Auffälligkeiten, wirkt ihr Umgang häufig problematisch oder inadäquat.

In professionellen und institutionellen Bereichen sitzen Eltern in Hilfeplangesprächen und Unterstützerkreisen zwar oftmals mit verschiedenen Institutionen und Professionen (Schule, Kindergarten, Psychologen, Therapeuten, etc.) gemeinsam an einem Tisch, auf das Ergebnis haben sie jedoch (offenbar) wenig Einfluss. Ihre individuellen Lösungsideen, Erklärungsmodelle und Interventionen werden dabei selten gehört, manchmal sogar (mitleidig) belächelt, denn sie sind ja »nur« die Eltern. Stattdessen werden über ihre Köpfe hinweg Pläne geschmiedet, die schlimmstenfalls von Beginn an zum Scheitern verurteilt sind und ihren autistischen Kindern am Ende noch mehr schaden als nutzen. Ihre Meinung zählt hier häufig nicht, ihr »Expertentum« und ihre jahrelange Erfahrung mit den Besonderheiten ihrer Kinder finden keine Berücksichtigung. Infolgedessen werden sie häufig auch »nur« mit den Ergebnissen dieser »Besprechungen« konfrontiert und sollen dann – am besten laut- und widerstandslos – kooperieren, einen entsprechenden Umgang damit entwickeln und schlimmstenfalls noch die Konsequenzen (unnötiger) Anfeindungen und (unsinniger) Interventionen tragen, ohne dass sie den Sinn oder Ursprung dahinter (zwingend) verstehen. Notfalls wird bei Verweigerung oder Widerspruch noch Druck auf sie ausgeübt und mit Sanktionen gedroht, die z. B. vom Ausschluss des Kindes bis hin zur Einstellung beantragter Hilfeleistungen gehen können, obwohl diese ihnen rechtlich eigentlich zustünden. Eine Kooperation auf Augenhöhe findet somit selten statt.

Auch bei Begutachtungen wird in der Regel zwar (formal) mit den betroffenen Eltern gesprochen, im Ergebnis des Gutachtens scheinen ihre Antworten dann jedoch (scheinbar) kaum vorzukommen, da sie letztlich nicht relevant erscheinen, der/die Gutachter/in sich selbst in der Kürze der Zeit ein umfassendes Bild von der Gesamtsituation und den Bedarfen des Kindes machen konnte, selbst ein/e »Expert/in für Kinderkrankheiten« ist und sie am Ende wieder einmal »nur« die Eltern sind. Kämpfen Eltern dazu in Schule und Kindergarten für die Teilhabe ihrer autistischen Kinder und versuchen in diesem Kontext über die Besonderheiten aufzuklären, erhalten sie auch hier selten umfassend Gehör. Denn sie sind ja »nur« Eltern und damit wiederum in den Augen vieler Pädagog/innen befangen und keine »Fachkräfte« oder »Expert/innen«.

Eltern wünschen sich infolgedessen, dass man sie – zum Wohle ihrer Kinder – schlichtweg miteinbezieht und nicht über ihren Kopf hinweg entscheidet, urteilt oder bevormundend agiert. Auch vorschnelle Interpretationen, ungeprüfte Hypothesen oder vorhandene Missverständnisse, können meist durch entsprechendes Nachfragen vorzeitig geklärt und damit aus der Welt geschafft werden, ohne dass sie sich »verselbstständigen« und sich damit nachhaltig negativ auf das Verhältnis zu den betroffenen Eltern oder auch das autistische Kind selbst auswirken. Dabei ist ein offener, transparenter und ehrlicher Umgang auf beiden Seiten unerlässlich.

Darüber hinaus wünschen Eltern sich noch, dass sie in Gesprächen nicht gönnerhaft oder von oben herab behandelt bzw. mit ihren eigenen Anliegen abgewimmelt werden. Sie vermögen vielleicht nicht immer wissen, was das Beste für ihr autistisches Kind ist, dennoch sind sie häufig dazu bereit, zum Wohle ihrer Kinder auch Abstriche zu machen und Kompromisse einzugehen und viele haben durchaus ein gutes Gespür, was ihren Kindern guttut und was nicht. In der Praxis bedeutet dies, gemeinsam mit den Eltern möglichst an einem Strang zu ziehen und nicht – wie allzu oft geschehen – in Konkurrenz oder auch gegeneinander zu arbeiten, um der anderen Seite zu zeigen, dass man es besser kann/weiß.

Fachlich kompetente Unterstützung

Eltern wünschen sich eine Partnerschaft mit fachlichen Stellen, denen sie ihre autistischen Kinder anvertrauen, die ihre Autismus-spezifischen Herausforderungen und Bedürfnisse verstehen und ihnen adäquate und kompetente Unterstützung und Beratung anbieten können. Dabei geht es ihnen meist nicht darum, dass sie auf alle ihre Fragen sofort eine Antwort oder auch eine funktionierende Lösung zur Verfügung stellen, sondern dass sie sich in erster Linie in ihren persönlichen Anliegen und Bedarfen ernst genommen, verstanden und aufgehoben fühlen.

Eltern stoßen im Laufe der Zeit noch viel zu oft auf vermeintliche Expert/innen und Fachkräfte, die im Kontakt und im Umgang mit ihren autistischen Kindern jedoch sehr schnell offenbaren, dass sie selbst völlig überfordert und hilflos sind und dazu noch das Thema Autismus-Spektrum keinesfalls (richtig) verstanden haben. Es reicht deshalb für die Beteiligten nicht aus, sich ausschließlich theoretisch mit der Thematik zu befassen oder sich auf einen breiten Erfahrungsschatz im sozialen Sektor bzw. im Umgang mit Menschen auszuruhen, sondern es benötigt auch einen offenen, ehrlichen Umgang und die anhaltende Reflektion der eigenen Defizite und Wissenslücken in diesem Bereich, um das Vertrauen der Eltern zu erlangen, beizubehalten und eine erfolgreiche Kooperation zu gewährleisten. Dabei erwarten betroffene Eltern häufig gar nicht, dass Fachkräfte und Expert/innen keine Fehler machen bzw. Fehleinschätzungen geben dürfen, schließlich wissen sie selbst am besten, wie hilflos und ohnmächtig sie sich oftmals im Alltag im Umgang mit ihren Kindern fühlen. Sofern die Transparenz gegeben ist, fehlerhafte Entscheidungen zeitnah reflektiert bzw. revidiert werden und ein offener und ehrlicher Umgang damit besteht, kann dies sogar Vertrauen aufbauen und die Zusammenarbeit mit den Eltern nachhaltig stärken. Dies bietet wiederum die Möglichkeit und den Rahmen, um gemeinsam und auf Augenhöhe nach einer passgenaueren Lösung für das autistische Kind zu suchen.

Eine kontinuierliche Fort- und Weiterbildung aller mit dem Kind betrauten Institutionen und Fachkräfte sowie das bedarfsgerechte Angebot von regelmäßigen Fallbesprechung und Supervisionen erscheint in diesem Rahmen unerlässlich zu sein, um das eigene professionelle Handeln kontinuierlich zu reflektieren und weiterzuentwickeln.

Schlussbemerkung

Eltern autistischer Kinder sehen sich neben den alltäglichen Herausforderungen und Belastungen, die aus den (Verhaltens-)Besonderheiten ihrer Kinder resultieren, im Laufe der Jahre immer wieder gezwungen zum Wohle ihrer Kinder ungewöhnliche und individuelle Wege einzuschlagen, deren Suche und Bewältigung allen Beteiligten viel Kraft und Nerven abverlangen. Diese Wege sind dabei – metaphorisch betrachtet – teilweise noch nicht ausgebaut oder sehr unwegsam und steinig. Darüber hinaus gibt es für diese keine begleitenden Straßenplaner/innen, keine Straßenpläne oder unterstützenden Asphaltierer/innen, keine konkreten Straßenschilder, Wegweiser oder Ortskundige, lediglich die Zielrichtung scheint klar zu sein. Eltern sind auf diesen Straßen zudem häufig allein unterwegs und diesen bei Wind und Wetter zeitweise schutzlos ausgeliefert.

Von Außenstehenden wird jedoch häufig nur das unmittelbare Ziel bzw. das Ergebnis dieser langen Reise gesehen und damit die vermeintlichen Vorteile, die das autistische Kind nun durch diese Individuallösung oder seine scheinbare »Sonderrolle« innehat, was nicht selten wiederum in eine gesellschaftliche »Neiddebatte« mündet. Die Arbeit und der Zeitfaktor, die Kosten und Verluste dieses (Um-)Weges – und damit die Nachteile – werden dabei jedoch selten gesehen oder finden in der Diskussion keine Berücksichtigung. Diese Ausgangslage macht es Eltern in ihrer Suche nach und ihren Entscheidungen für individuelle Lösungen sicherlich nicht immer einfach. Ganz im Gegenteil wird die Notwendigkeit dieser Wege innerhalb der Gesellschaft häufig so lange (hinterrücks) in Frage gestellt und ausdiskutiert, bis Eltern diese selbst anzweifeln oder von allein aufgeben.

Eltern autistischer Kinder sind sicherlich keine »unbelehrbaren« Individualisten, die aus innerer Überzeugung, aus Langeweile oder auch aus Kampfeslust heraus immer wieder gegen den Mainstream schwimmen und gerne im Mittelpunkt stehen, um im gesellschaftlichen System aufzufallen und schlichtweg eine »Sonderrolle« einzunehmen. Ganz im Gegenteil würden sie sich in vielen Situationen häufig ein bisschen mehr »Normalität« wünschen, um mit ihren Kindern auch einmal den »einfachen«, vorhergesehenen Weg beschreiten zu können, was ihren Alltag sicherlich erheblich erleichtern würde und weitaus kräfteschonender für alle Beteiligten wäre.

Betroffene Eltern befinden sich deshalb am Ende immer wieder in dem Spagat zwischen gesellschaftlichen Normen und Werten, Ansprüchen und Erwartungen einerseits und den individuellen Grenzen, Einschränkungen und dem Leidensdruck ihrer autistischen Kinder anderseits. Hier als Eltern immer ein adäquates Gleichgewicht aus fordern, unterstützen und beschützen zu finden, ist die eigentliche (lebenslange) Herausforderung, die ihnen mit Sicherheit auch nicht zu jedem Zeitpunkt gelingen mag. Dann auch noch auf Menschen zu treffen, die ihre Entscheidungen akzeptieren, mittragen oder zumindest nicht in Frage stellen oder verurteilen, erscheint für sie wie ein echter Hauptgewinn und damit eher die Ausnahme. Manchmal wünschen sich Eltern dann auch einfach, dass die eigenen Leistungen von außen her anerkannt, verstanden und auch wertgeschätzt werden, um das Gefühl zu bekommen, dass nicht alles falsch ist/war, was sie tun/getan haben.

Nachwort der Autorin

Dieses Buch ist auf der Grundlage meiner Erfahrungen als Mutter eines autistischen Kindes sowie meines professionellen Hintergrunds als Dipl. Sozialarbeiterin und Autismusbegleiterin entstanden, in dessen Kontext ich seit einiger Zeit Beratungen, Fortbildungen und Themenabende zu verschiedenen Autismus-spezifischen Schwerpunkten anbiete. Die familiären Herausforderungen und Belastungen, aber auch die Kompetenzen und Wünsche von Eltern autistischer Kinder sind mir deshalb mitunter persönlich sehr vertraut, treten aber auch in der Begleitung und Beratung von Familien mit autistischen Kindern sowie im persönlichen Austausch in sozialen Netzwerken und während Fortbildungsveranstaltungen immer wieder zutage und zeigen damit die Wichtigkeit und Notwendigkeit der Aufklärung in diesem Bereich.

Durch die Betrachtung der Autismus-Thematik aus der Elternperspektive in ihren unterschiedlichen Facetten und aus verschiedenen »Expertinnenrollen« heraus, ist es stets mein Anliegen einen möglichst umfassenden, realistischen und »ungeschönten« Einblick in die Lebenswelten von Familien mit autistischen Kindern zu geben, um damit Betroffenen, Angehörigen, Fachleuten und Interessierten neue Blickwinkel, Erklärungsmodelle und Handlungsmöglichkeiten zu eröffnen und ein besseres Verständnis für die Thematik zu erhalten.

Ferner ist das zentrale Ziel meiner Öffentlichkeits- und Aufklärungsarbeit – als Beraterin, Autorin, Referentin und Anbieterin von spezifischen Fortbildungsangeboten – Familien mit autistischen Kindern innerhalb der Gesellschaft eine Stimme zu geben und die Akzeptanz, Toleranz und Wertschätzung für die Unterschiedlichkeit von Menschen als Grundbausteine einer inklusiven Gesellschaft zu fördern und auszubauen.

Hinweis auf mein Beratungs- und Fortbildungsangebot (inklusive Downloadbereich)

www.principium-novum.de

Meine Facebook-Seite

www.facebook.com/HackJudith

Literaturverzeichnis

Fachliteratur

Achilles, Ilse (2018). *»...und um mich kümmert sich keiner!« Die Situation der Geschwister behinderter und chronisch kranker Kinder.* München: Reinhardt.

Arens-Wiebel, Christiane (2019). *Autismus. Was Eltern und Pädagogen wissen müssen.* Stuttgart: Kohlhammer.

Attwood, Tony (2012). *Ein Leben mit dem Asperger Syndrom. Von Kindheit bis Erwachsensein – alles was weiterhilft.* Stuttgart: Trias.

Attwood, Tony (2000). *Asperger-Syndrom. Das erfolgreiche Praxis-Handbuch für Eltern und Therapeuten.* Stuttgart: Trias.

Bahr, Reiner (2015). *Igel-Kinder. Kinder und Jugendliche mit Asperger-Syndrom verstehen.* Ostfildern: Patmos.

Bauerfeind, Silke (2016). *Ein Kind mit Autismus zu begleiten, ist auch eine Reise zu sich selbst.* Norderstedt: BoD.

Bauerfeind, Silke (2018). *Autistische Kinder brauchen aufgeklärte Eltern.* Norderstedt: BoD.

Bauerfeind, Silke (2020). *Diagnose Autismus wie geht's weiter? Was die Diagnose bedeutet und wie du dein Kind bis ins Erwachsenenalter unterstützen kannst.* Norderstedt: BoD.

Döringer, Irmgard & Rittmann, Barbara (2020). *Autismus. Frühe Diagnose, Beratung und Therapie. Das Praxisbuch.* Stuttgart: Kohlhammer.

Elvén, Bo Hejlskov (2017). *Herausforderndes Verhalten vermeiden. Menschen mit Autismus und psychischen oder geistigen Erkrankungen positives Verhalten ermöglichen.* Tübingen: dgvt

Girsberger, Thomas (2019). *Die vielen Farben des Autismus. Spektrum, Ursachen, Diagnose, Therapie und Beratung.* Stuttgart: Kohlhammer.

Girsberger, Thomas (2022). *Mit Autismus den Alltag meistern. Praktische Hilfen für Kinder und Jugendliche im Autismus-Spektrum.* Stuttgart: Kohlhammer.

Grünzinger, Eberhard (2005). *Geschwister behinderter Kinder. Besonderheiten, Risiken und Chancen. Ein Familienratgeber.* Neuried: Care-Line.

Häußler, Anne, Tuckermann, Antje & Kiwitt, Markus (2014). *Wenn Verhalten zur Herausforderung wird.* Basel: Borgmann.

Kohl, Leo M. (2019). *Warum mögen mich die anderen Kinder nicht? Elternratgeber für Kinder im Autismus-Spektrum. Asperger-Autismus. Aussprechen, worum es geht?!* Gera: Daniel Funk.

Kohl, Leo M., Meer-Walter, Stephanie & Peinel, Franka (2020). *Lehrerratgeber für Kinder im Autismus-Spektrum. Asperger-Autismus. Aussprechen, worum es geht?!* Gera: Daniel Funk.

Kokemoor, Klaus (2016). *Autismus neu verstehen. Begegnung mit einer anderen Kultur.* Munderfing: Fischer & Gann.

La Brie Norall, Cynthia & Wagner Brust, Beth (2012). *Kinder mit Asperger einfühlsam erziehen. Wie Sie Sozialverhalten und Kommunikation Ihres Kindes fördern.* Stuttgart: Trias.

Matthews, Joan & Williams, James (2011). *Ich bin besonders! Autismus und Asperger: Das Selbsthilfebuch für Kinder und ihre Eltern.* Stuttgart. Trias.

Maus, Inez (2017). *Geschwister von Kindern mit Autismus. Ein Praxisbuch für Familienangehörige, Therapeuten und Pädagogen.* Stuttgart: Kohlhammer.
Meer-Walter, Stephanie (2021). *Schüler/innen im Autismus-Spektrum verstehen. Praxishilfe zu autistischen Besonderheiten in Schule und Unterricht.* Weinheim: Beltz.
Müller, Diane (2014). *Keine Panik, ...es ist doch nur Schule! Autismus und Schule im Zeitalter von Inklusion. Ein Erfahrungsbericht aus Sicht einer Schulbegleitung.* Norderstedt: BoD
Noterdaeme, Michele & Enders, Angelika (2009). *Autismus-Spektrum-Störungen. Ein integratives Lehrbuch für die Praxis.* Stuttgart: Kolhammer.
Preißmann, Christine (2015). *Gut leben mit einem autistischen Kind. Das Resilienz-Buch für Mütter.* Stuttgart: Klett-Cotta.
Richmann, Shira (2002). *Wie erziehe ich ein autistisches Kind? Grundlagen und Praxis.* Göttingen: Hans Huber.
Schmidt, Bernhard J. (2018). *Klartext kompakt. Autismus. Flucht oder Kampf. Neue Perspektiven auf herausforderndes Verhalten.* Norderstedt: BoD
Schirmer, Brita (2006). *Elternleitfaden Autismus. Wie ihr Kind die Welt erlebt. Mit gezielten Therapien wirksam fördern. Schwierige Alltagssituationen meistern.* Stuttgart: Trias.
Schirmer, Brita & Alexander, Tatjana (2015). *Leben mit einem Kind im Autismus-Spektrum.* Stuttgart: Kohlhammer.
Schirmer, Brita (2019). *Nur dabei zu sein reicht nicht. Lernen im inklusiven schulischen Setting.* Stuttgart: Kohlhammer.
Schlitt, Sabine, Berndt, Kerstin & Freitag, Christine M. (2015). *Das Frankfurter Autismus-Elterntraining (FAUT-E). Psychoedukation, Beratung und therapeutische Unterstützung.* Stuttgart: Kohlhammer.
Schuster, Nicole & Schuster, Ute (2013). *Vielfalt leben – Inklusion von Menschen mit Autismus-Spektrum-Störungen. Mit praktischen Ratschlägen zur Umsetzung in Kita, Schule, Ausbildung, Beruf und Freizeit.* Stuttgart: Kohlhammer.
Schuster, Nicole (2020). *Schüler mit Autismus-Spektrum-Störungen. Eine Innen- und Außenansicht mit praktischen Tipps für Lehrer, Psychologen und Eltern.* Stuttgart: Kohlhammer.
Sohlmann, Sigrid (2009). *Behinderung und chronische Erkrankungen bei Kindern und Jugendlichen. Hilfe für Eltern, Pädagogen, Therapeuten und Ärzte.* Wien: facultas.
Teriete, Maik (2020). *Systemische Beratung bei Autismus. Ressourcen aktivieren, Lösungen finden, einfach helfen.* Stuttgart: Kohlhammer.
Theunissen, Georg (2014). *Menschen im Autismus-Spektrum: Verstehen, annehmen, unterstützen.* Stuttgart: Kohlhammer.
Theunissen, Georg (2017). *Autismus und herausforderndes Verhalten. Praxisleitfaden Positive Verhaltensunterstützung.* Freiburg: Lambertus.
Tröster, Heinrich & Lange, Sarah (2019). *Eltern von Kindern mit Autismus-Spektrum-Störungen. Anforderungen, Belastungen und Ressourcen.* Wiesbaden: Springer.
Vero, Gee (2020). *Das andere Kind in der Schule. Autismus im Klassenzimmer.* Stuttgart: Kohlhammer.

Autobiografien/Belletristik

Brauns, Axel (2002). *Buntschatten und Fledermäuse.* Hamburg: Goldmann.
Kohl, Leo M. (2018). *Asperger. Mein Leben zwischen Intelligenz und Gefühlsleben.* Gera: Daniel Funk.

Schmitt-Lemberger, Gabriele & Benter Colin-Elias (2020). *Das Leben, Autismus und die Villa Kunterbunt*. Gera: Daniel Funk.

Stahl, Leora (2020). *Simon, das Asperger-Syndrom und unser alltäglicher Wahnsinn*. München: Reinhardt.

Vero, Gee (2014). *Autismus – (m)eine andere Wahrnehmung*. FeedARead.com.

Internetquellen

Ellas Blog – Leben mit Autismus (2020). *Was sich Autistinnen, Autisten und deren Familien zum Weltautismustag wünschen*. Zugriff am 12.02.2022 unter https://ellasblog.de/was-sich-autistinnen-autisten-und-deren-familien-zum-weltautismustag-wuenschen/

Weitere nützliche Internet-Links

www.autismus.de: Offizielle Seite des Bundesverbands Autismus Deutschland e. V.

http://www.autismus-verstehen.de/: Hilfen und Informationen durch ein Kooperationsnetzwerk aus autistischen Menschen, Angehörigen, am Autismus-Spektrum Interessierten und Fachkräften

www.autismus-kultur.de: Informationen und Beiträge rund um das Thema Autismus-Spektrum

www.autismus-wir-eltern.de: Online-Zeitschrift von Eltern für Eltern autistischer Kinder

https://ellasblog.de: Blog einer Mutter eines frühkindlichen Autisten mit Informationen und hilfreichen Downloads für den Familienalltag mit autistischen Kindern